Da HAST *DU* den Salat.

KÖSTLICHE REZEPTE FÜR JEDEN TAG

CALLWEY

Da HAST *DU* den Salat.

EMILY EZEKIEL

FOTOS VON ISSY CROKER

Inhalt

Grundlagen

Basisvorräte

An Basiszutaten habe ich immer das Gleiche in der Vorratskammer. Thunfisch und Sardellen bester Qualität in Dosen und Gläsern müssen immer vorhanden sein, weil sie jede Mahlzeit aufpeppen und ihr sofort einen Umami-Geschmack verleihen können. Olivenöl und Essig sollten immer vorrätig sein und es lohnt sich, in hochwertige Gewürze wie Za'atar, Sumach, scharfe Chiliflocken usw. zu investieren. Außerdem habe ich immer einige Hülsenfrüchte, wie Kichererbsen, Limabohnen und Linsen, sowie Reis, Nudeln und andere Körner vorrätig.

1. Öle & Essige
Natives Olivenöl extra, normales Olivenöl, Erdnussöl sowie Rot- und Weißweinessig sollten immer vorrätig sein.

2. Honig & Ahornsirup
Sie verleihen Dressings eine feine Süße.

3. Senf
Mit verschiedenen Senfsorten, wie Dijon und englischer Senf, bekommen Dressings eine würzige Note.

4. Nüsse & Samen
Man sollte immer eine Auswahl verschiedener Nüsse und Samen, z.B. Cashewkerne, Walnüsse, Kürbis- und Sonnenblumenkerne da haben.

5. Hülsenfrüchte
Kichererbsen, Limabohnen, Puy-Linsen und grüne Linsen, in Dosen oder getrocknet, sind sehr praktisch, um Salate zu bereichern.

6. Gewürze
Koriander, Kreuzkümmel, Paprika, Sumach, scharfe Chiliflocken und Za'atar sollten nie zur Neige gehen.

7. Fisch-Konserven
Mit Thunfisch und Sardellen in guter Qualität in der Vorratskammer kann man im Handumdrehen einen sättigenden Salat zaubern.

8. Nudeln & Reis & Getreide
Ein Vorrat an verschiedenen Nudeln, Reissorten und Körnern, wie z.B. Orecchiette, Jasminreis, Farro und Fregola, ist unersetzlich.

Ausstattung

Jeder sollte die bestmögliche Ausstattung besitzen, die ihm das Kochen erleichtert. Wenn man in ein gutes, scharfes Messer und einen hochwertigen Sparschäler investiert, ist man bestens gewappnet. Bei Salaten lohnt es sich, eine Salatschleuder zu kaufen, denn es gibt nichts Schlimmeres als ein matschiges Salatblatt. Sobald man etwas erfahrener in der Küche ist und einige der folgenden Rezepte ausprobiert hat, kann man sich Stück für Stück die Utensilien zulegen, die einem das Leben leichter machen.

1. Salatschleuder
Ein Muss zum Waschen und Trocknen von empfindlichem Blattsalat.

2. Sparschäler
Ein Sparschäler erleichtert die Zubereitung von Gemüse und Obst erheblich.

3. Feine Reibe/Zestenreißer
Ein unverzichtbares Werkzeug zum feinen Reiben von Zitrusschalen.

4. Messbecher & Löffel
Mit einem Teelöffel, Esslöffel und Messbecher zur Hand kann man jederzeit alle Zutaten abmessen.

5. Messer
Mit einem guten, scharfen Messer kann man Speisen schnell und sicher zubereiten.

6. Handrührgerät
Ein Handmixer ist sehr vielseitig: Mit ihm kann man eine Mischung luftig aufschlagen, Zutaten verrühren und Sahne steifschlagen.

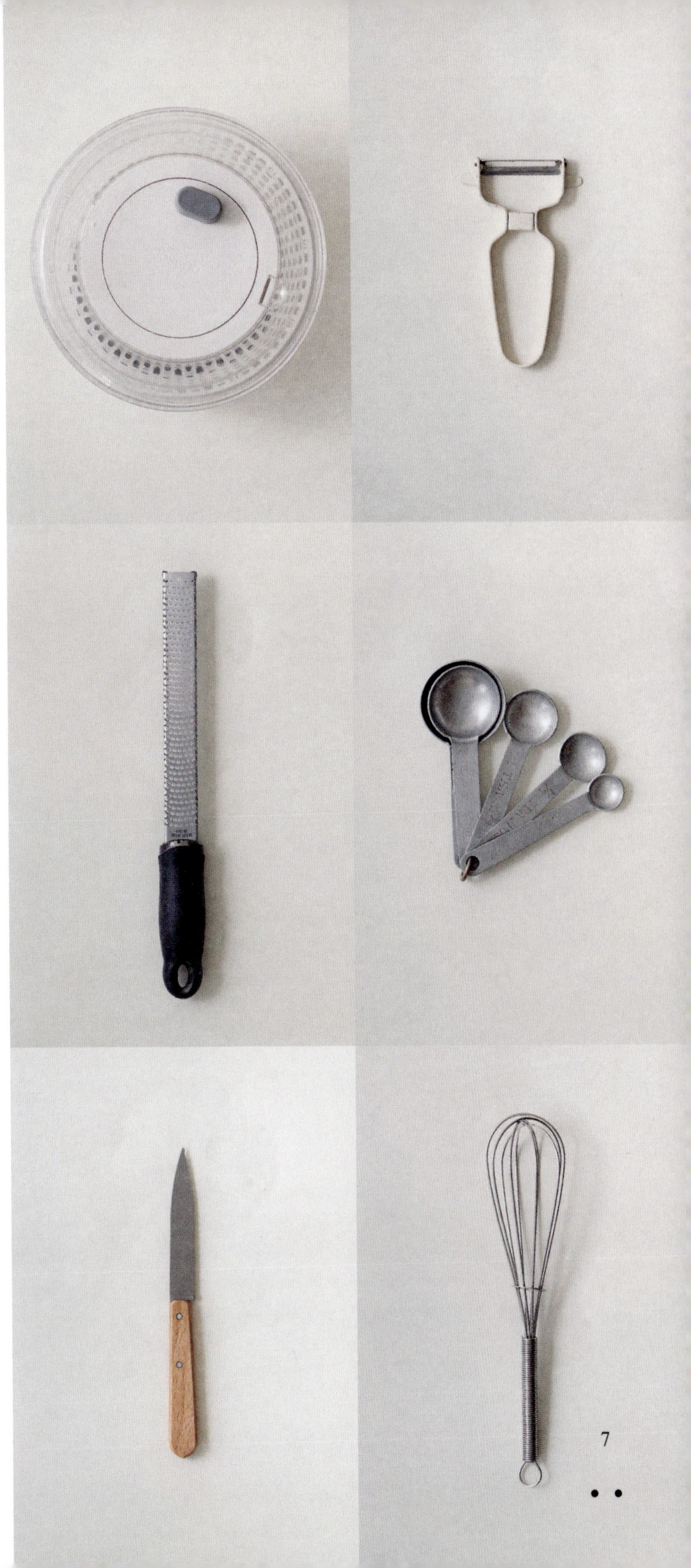

Grundlagen

• •

Gemüse richtig waschen

Viele Landwirte verwenden beim Anbau und bei der Lagerung von Feldfrüchten gesundheitsschädliche Chemikalien und Pestizide, daher lohnt es sich immer, Gemüse, Obst und Salat vor der Verwendung zu waschen. Bei Obst und Gemüse fülle ich das Waschbecken mit Wasser, gebe 1 Esslöffel Weißweinessig dazu und lasse das Obst und Gemüse 5 Minuten lang darin einweichen. Dann lasse ich das Wasser ablaufen und trockne das Obst und Gemüse mit einem sauberen Tuch oder Papiertüchern ab. Das gewaschene Obst und Gemüse im Kühlschrank aufbewahren. Bei empfindlicheren Salatblättern kippe ich die Blätter in den Korb einer Salatschleuder und spüle sie unter fließendem kaltem Wasser ab. Dann kann man den Salat trocken schleudern und in einem verschließbaren Beutel im Kühlschrank aufbewahren, bis man ihn braucht.

Obst und Gemüse richtig aufbewahren

Es gibt verschiedene Möglichkeiten, Obst und Gemüse so zu lagern, dass sie möglichst lange frisch bleiben. Grundsätzlich gilt: Manche Obst- und Gemüsesorten müssen gekühlt werden, andere nicht. Dunkles Blattgemüse, Rosenkohl, Kohl, Salatblätter, Kräuter, Äpfel und Beerenobst sollten im Kühlschrank aufbewahrt werden, während Zwiebeln, Bananen, Orangen und Kürbisse bei Raumtemperatur gelagert werden sollten.

1. In Plastik
Falls man Gemüse in Plastiktüten aufbewahrt, sollte man Löcher in die Tüte stechen, damit das Gemüse atmen kann.

2. In Papier
Pilze lagert man in Papiertüten im Kühlschrank.

3. In feuchten Papiertüchern
Kräuter wie Koriander und Petersilie sowie Blattgemüse bewahrt man am besten in feuchten Papiertüchern im Kühlschrank auf.

4. An einem kalten Ort
Kürbisse, Zwiebeln und anderes Wurzelgemüse lagert man am besten an einem kühlen und trockenen Ort, z.B. in einem Schrank oder Erdkeller.

Frühling

Saisonales Gemüse im Frühling

BLATTGEMÜSE

Salat

Blattsalat wird im Frühjahr häufig als Basis vieler Salatrezepte verwendet. Es gibt viele verschiedene Salatsorten, z.B. Kopfsalat, Bindesalat, oder auch Baby Leaf-Salate.

Kohl

Kopfkohl findet man im Frühling häufig in Form von Spitzkohl, aber von April bis Sommeranfang sind Sorten wie Blattkohl, Senfkohl und Rübstiel am besten.

Grünkohl

Grünkohl gibt es im Winter und bis in den Frühling. April, Mai und Juni sind eine gute Zeit für Babygrünkohl, von dem es viele Sorten gibt, wie Toskanischen Grünkohl, Redbor und krausen Grünkohl.

Chicorée

Chicorée kann man sowohl als Gemüse als auch als Blattsalat essen. Da er recht bitter ist, passt er gut zu Früchten wie Orangen und zu scharfen Radieschen. Probieren Sie den Frühlings-Blattsalat auf Seite 29.

Brunnenkresse

Brunnenkresse hat einen leicht bitteren, würzigen Geschmack und passt gut zu vielen Frühlings-Gemüsesorten, wie z.B. Bohnen, Karotten und Blattsalaten.

BLATTGEMÜSE

Rucola

Dieses Frühlingsgrün passt mit seiner leicht pfeffrigen Note gut zu vielen anderen saisonalen Gemüsesorten, darunter Favabohnen, junge Erbsen, Erbsensprossen, Spargel, Radieschen und Avocado.

Spinat

Dieses Blattgrün eignet sich gut für kühlere Salate und passt zu vielen verschiedenen Frühlings-Zutaten, wie Garnelen, Feta, Gurken und Erdbeeren. Probieren Sie den asiatischen Brokkoli-Salat auf Seite 47.

WURZELGEMÜSE

Radieschen

Frühlings-Radieschen sind zarter als Winter-Radieschen und eignen sich daher perfekt für Salate. Radieschen kann man auf viele verschiedene Arten zubereiten, z.B. durch leichtes Anbraten oder kurzes Marinieren.

Frühkartoffeln

Frühkartoffeln behalten im gegarten Zustand ihre Form und können daher gekocht, gebraten oder geröstet und zu einer Reihe von saisonalen Gerichten hinzugefügt werden, wie zum Beispiel Rhabarber und Kartoffeln aus dem Ofen auf Seite 27.

Rüben

Rüben sind vom Frühjahr bis zum Winterbeginn am schmackhaftesten. Sie haben einen süßen, erdigen Geschmack, der gut zu Feta, Ziegenkäse, Blauschimmelkäse, Labneh, gedünstetem Frühlingsgemüse, Radieschen und Spargel passt.

KÜCHENGARTEN

Rosenkohl

Rosenkohl verbindet man gewöhnlich mit dem Winter, aber er ist noch bis in den März hinein erhältlich. Mit seinem nussigen Geschmack passt er hervorragend zu Limetten, wie beispielsweise auf Seite 29.

Lila Brokkoli

Lila Brokkoli ist im Frühjahr am besten. Er ist sehr vielseitig und kann sowohl als eigenständiges Gericht, als auch in Kombination mit Fisch verzehrt werden, wie z.B. mit Lachs (siehe Seite 47).

Gurke

Babygurken haben im Frühjahr Saison. Mit einem Sparschäler kann man lange, dünne Streifen für Salate schneiden, z.B. für den Frühlings-Blattsalat auf Seite 29.

Artischocken

Artischocken haben einen zarten, süßen Geschmack und sind so vielseitig – man kann sie braten, grillen, dünsten, schmoren oder frittieren. Sie passen gut zu anderem Frühlingsgemüse.

Zucchini

Im Frühling sollten Zucchini mit Blüten erhältlich sein. Sie können die Blüten mit einer geschmackvollen Käsemasse füllen und sie als Teil einer Platte zum Teilen servieren, wie auf Seite 33.

FRÜCHTE

Kirschen

Die süßen, saftigen Früchte sind vollgepackt mit Nährstoffen und passen sowohl zu süßen als auch zu pikanten Rezepten. Mit anderen saisonalen Früchten können sie zu einem leckeren Obstsalat verarbeitet werden.

Rhabarber

Rhabarber hat einen scharfen, herben Geschmack und eine leuchtend rosa Farbe. Von April bis Juni schmeckt er am besten und passt sehr gut zu anderen saisonalen Zutaten, wie Erdbeeren und Kräuter.

Beeren

In dieser Saison gibt es eine Fülle von Beeren, allen voran Erdbeeren. Man kann sie gut mit anderen Früchten der Saison kombinieren und zum Beispiel eine Holunderblüten-Sahne zaubern, wie auf Seite 43.

Zitrusfrüchte

Im Winter bis in den März sind alle Arten von Zitrusfrüchten, einschließlich Zitronen und Orangen, am geschmackvollsten. Sie sind vielseitig einsetzbar und können jedes Gericht geschmacklich bereichern.

Granatapfel

Der süß-säuerliche Geschmack der Granatapfelkerne hat es in sich und passt gut zu anderem Frühlingsobst und -gemüse wie Erdbeeren, Rucola, Grünkohl und Zitrusfrüchten.

Wer im Frühling schon einmal in Rom war, hat dort vielleicht die köstlichen frittierten Artischocken gegessen. Mit einem frischen Weißwein ergeben sie ein tolles saisonales Mittagessen.

Knuspriger Artischocken-Salat

mit Parmesan-Dressing

Vorbereitungszeit: 30 Minuten **Kochzeit:** 16 Minuten **Portionen:** 2

• •

Saft von 2 Zitronen
10 Baby-Artischocken
300 ml leichtes Olivenöl, zum Frittieren
3 EL Parmesan-Dressing (Seite 186)
1 große Handvoll Rucola
1 Chicorée, Blätter abgetrennt
1 Bund Kerbel
flockiges Meersalz
½ Zitrone, in Spalten geschnitten (zum Servieren)

• •

Für die Artischocken eine große Schüssel mit Wasser füllen und den Zitronensaft hinzugeben. Bei allen Artischocken zunächst den Stiel abschneiden, dann die äußeren Blätter entfernen, bis man die blassgrünen Blätter erreicht, sowie das obere Drittel der Artischocke abschneiden. Jede Artischocke der Länge nach halbieren und das flaumige Innere herauslöffeln. Die fertigen Artischocken in das Zitronenwasser geben.

Ein Blech mit Backpapier auslegen. In einer mittelgroßen, gusseisernen Pfanne mit hohem Rand das Öl auf mittlerer Stufe erhitzen, bis das Thermometer 180 °C anzeigt.

Die Artischocken abtropfen lassen und auf einem sauberen Geschirrtuch trocken tupfen. Die Hälfte der Artischocken vorsichtig in das heiße Öl geben und auf jeder Seite 4 Minuten frittieren, bis sie goldbraun und knusprig sind. Auf das mit Backpapier belegte Blech geben und die übrigen Artischocken ebenso verarbeiten. Mit flockigem Meersalz bestreuen und beiseitestellen.

Das Dressing auf zwei Tellern verteilen, dann die Artischocken, den Rucola, den Chicorée und den Kerbel gleichmäßig darauf anrichten. Mit Zitronenspalten servieren.

• •

Veganisieren

Für eine vegane Variante das würzige Kräuter-Dressing (Seite 186) anstelle des Parmesan-Dressings verwenden.

• •

Mit diesem spritzigen, erfrischenden Salat kann man morgens nichts falsch machen, denn er enthält das Beste aus saisonalen Zitrusfrüchten.

Rhabarber-Zitrus-Salat

mit schnellem Granola-Topping

Vorbereitungszeit: 10 Minuten **Kochzeit:** 10 Minuten **Portionen:** 2

200 g Treibrhabarber, in 5 cm große Stücke geschnitten

2 ¾ EL flüssiger Honig

Abrieb und Saft von 1 Limette

50 g Haferflocken

50 g Pekannüsse, gehackt

50 g Kürbiskerne

2 EL Butter

1 Stück eingelegter Ingwer, fein gehackt

1 große Orange

1 Blutorange

1 rosa Grapefruit

1 EL Sirup von eingelegtem Ingwer

100 g fester griechischer Joghurt

Den Rhabarber mit dem Honig, der Limettenschale und dem Limettensaft in einen Kochtopf geben. 100 ml Wasser hinzufügen und alles bei schwacher Hitze 5 Minuten köcheln, bis der Rhabarber gerade weich ist. Vom Herd nehmen und beiseitestellen.

Eine große Pfanne auf mittlerer Stufe erhitzen, die Haferflocken, Pekannüsse und Kürbiskerne hineingeben und sie ein paar Minuten rösten, dabei die Pfanne immer wieder schwenken. Die Butter, den eingelegten Ingwer und den Ingwersirup hinzufügen und alles weitere 5 Minuten rösten, bis die Mischung golden und knusprig ist. In eine Schüssel umfüllen und etwas abkühlen lassen.

Die Orange und die Grapefruit schälen und in Spalten schneiden. Den Joghurt auf zwei Teller geben und die Zitrusfrüchte darauf verteilen. Das Rhabarberkompott darüberträufeln und mit dem Granola bestreuen. Sofort genießen.

Aufbewahren

Die doppelte Menge des Granola-Toppings zubereiten und in einem sterilisierten Glas bis zu zwei Wochen lagern.

Dieser Salat vereint die köstlichsten frühen Kartoffeln der Saison mit knackigen, pfeffrigen Radieschen. Servieren Sie ihn an kühleren Frühlingsabenden warm.

Salat aus gerösteten Frühkartoffeln und Radieschen

mit Feta

Vorbereitungszeit: 5 Minuten **Kochzeit:** 35 Minuten **Portionen:** 2

200 g gemischte Radieschen

300 g Frühkartoffeln, halbiert

2 EL Zitronen-Öl (Seite 203) oder kaltgepresstes Olivenöl

1 rote Chilischote, in Scheiben geschnitten

1 TL Fenchelsamen

1 Zitrone, in Scheiben geschnitten

150 g Feta

1 große Handvoll Brunnenkresse

1 Handvoll geröstete ganze Mandeln, gehackt

½ Glas würziges Kräuter-Dressing (Seite 186)

Salz und frisch gemahlener schwarzer Pfeffer

Den Ofen auf 200 °C vorheizen.

Die Radieschen und Kartoffeln zusammen mit dem Öl, der Chili, den Fenchelsamen und den Zitronenscheiben in eine große Auflaufform geben. Alles vermischen und großzügig mit Salz und Pfeffer würzen.

Das Ganze 35 Minuten im Ofen backen, dabei die Form ein-, zweimal schwenken oder alles umrühren. 15 Minuten vor Ende der Backzeit den Feta darüberbröseln und weiter rösten, bis alles goldbraun und knusprig ist.

Sobald die Kartoffeln gar sind, aus dem Ofen nehmen und leicht abkühlen lassen. Die Brunnenkresse unter die Kartoffeln heben und die Mandeln darüberstreuen. Das Dressing gleichmäßig auf zwei Teller verteilen und den Salat darübergeben. Sofort servieren.

Vorbereiten

Man kann diesen Salat auch im Voraus zubereiten und kalt servieren.

Dieser Salat schmeckt fast jedem: Die knusprigen Croûtons werden unter dem Hähnchen gegart und nehmen so alle Aromen und Bratensäfte auf. Servieren Sie den Salat warm oder kalt.

Brathähnchen-Ciabatta-Salat

mit Grünkohl und Parmesan-Dressing

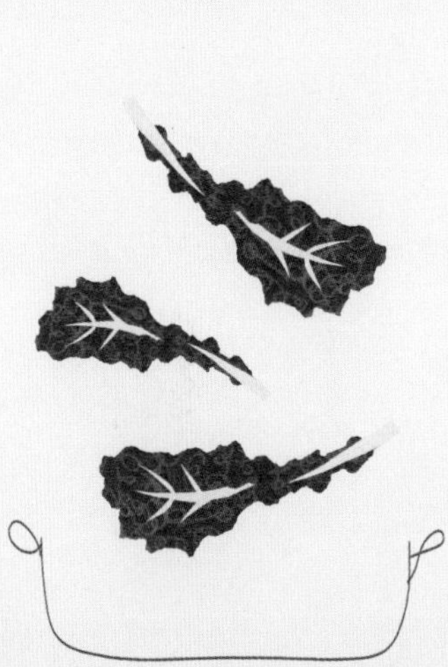

Vorbereitungszeit: 10 Minuten **Kochzeit:** 36 Minuten **Portionen:** 2

• •

4 große Hähnchenschenkel, mit Haut und Knochen

125 g Ciabatta

2 Rosmarinzweige

6 Knoblauchzehen, zerdrückt

1 EL Fenchelsamen

2 EL Kapern, abgetropft

2 EL Olivenöl

Saft von 1 Zitrone

1 Bündel Grünkohl

2 EL Parmesan-Dressing (Seite 186), plus etwas mehr zum Servieren

1 Kopfsalat

1 Handvoll glatte Petersilienblätter

30 g Parmesan, gehobelt

Salz und frisch gemahlener schwarzer Pfeffer

• •

Den Ofen auf 200 °C vorheizen. Eine Pfanne auf mittlerer Temperatur erhitzen. Das Hähnchen gut mit Salz und Pfeffer würzen, dann mit der Haut nach unten in die Pfanne legen und 5 Minuten braten, bis die Haut goldbraun und knusprig ist. Das Fleisch wenden und weitere 5 Minuten braten.

Das Ciabatta in große Stücke reißen und in eine Ofenform geben. Den Rosmarin, den Knoblauch, die Fenchelsamen und die Kapern zufügen. Das Olivenöl darüberträufeln sowie die Hälfte des Zitronensafts und alles gut vermischen. Das Hähnchen mit der Haut nach oben auf die Croûtons legen und alles 20 Minuten im Ofen braten. Das Hähnchenfleisch herausnehmen, die Croûtons wenden und weitere 6 Minuten rösten, bis sie goldbraun und knusprig sind.

Den Strunk des Grünkohls entfernen und die Blätter in feine Streifen schneiden. In eine große Schüssel geben und den restlichen Zitronensaft darüberpressen. Mit Salz würzen und alles gut durchkneten. Das Dressing darübergeben und alles vermischen. Den Kopfsalat klein zupfen und mit der Petersilie hinzufügen. Das Hähnchen in Scheiben schneiden. Den Salat auf zwei Teller geben und das Hähnchen sowie die Croûtons darauf verteilen. Parmesan darüberstreuen und mit weiterem Dressing servieren.

• •

Vorbereiten

Diesen Salat kann man auch im Voraus zubereiten und kalt servieren. Einfach den Salat kurz vor dem Servieren anmachen.

Dieser Salat ist der Stoff, aus dem die Träume sind – ein saftiges, perfekt gegartes Steak mit knusprigen Pommes frites, angemacht mit einem spritzigen, würzigen Dijon-Dressing.

Steak-frites-Salat

mit Dijon-Dressing

Vorbereitungszeit: 10 Minuten **Kochzeit:** 25 Minuten **Portionen:** 2

• •

2 große Kartoffeln (Sorte Maris Piper)

4 EL Olivenöl, plus etwas mehr zum Beträufeln

3 Knoblauchzehen, in Scheiben geschnitten

Nadeln von 3 Rosmarinzweigen, gehackt

1 EL Honig

4 EL Weißweinessig

1 große Schalotte, fein gewürfelt

1 Steak (250 g), Zimmertemperatur

1 kleiner Kopfsalat, Blätter abgetrennt

1 englische Salatgurke, in dünne Scheiben geschnitten

2 EL Dijon-Dressing (Seite 187)

Salz und frisch gemahlener schwarzer Pfeffer

• •

Den Ofen auf 200 °C vorheizen. Die ungeschälten Kartoffeln mithilfe einer Mandoline in 2 mm dicke Pommes frites schneiden. Die Pommes frites in einer einzigen Schicht auf einem großen Backblech verteilen und das Öl darüberträufeln. Mit Salz, Knoblauch und Rosmarin würzen, alles vermischen und 25 Minuten backen, dabei nach der Hälfte der Zeit wenden, bis die Pommes frites goldbraun und knusprig sind. Aus dem Ofen nehmen und beiseitestellen.

In der Zwischenzeit den Honig, den Essig und die Schalotten in ein Marmeladenglas geben und mit Salz würzen. Das Glas mit einem Deckel verschließen und kräftig schütteln. Beiseitestellen.

Eine große Pfanne auf höchster Stufe erhitzen. Das Steak mit Olivenöl beträufeln und mit Salz und Pfeffer würzen. Sobald die Pfanne sengend heiß ist, das Steak hineingeben und auf jeder Seite 3 Minuten braten, bis es goldbraun ist. Das Steak auf einem Brett ruhen lassen.

Den Salat in eine große Schüssel geben, die Gurke und die abgetropften Schalotten hinzugeben. Die Pommes frites unterheben, das Steak in Scheiben schneiden und darauf anrichten. Würzen und servieren.

• •

Veganisieren

Gebratene Knollensellerie-Steaks oder gebratene Scheiben von Räucher-Tempeh eignen sich gut als vegane Alternative. Achten Sie darauf, Ahornsirup statt Honig zu verwenden.

Geröstete, süß-erdige Bete, gepaart mit kühlendem Labneh und veredelt mit einem kräftigen Kräuter-Dressing – eine traumhafte Kombination.

Salat mit gerösteter Bete

und Labneh, weichgekochten, wachsweichen Eiern & Dukkah

Vorbereitungszeit: 5 Minuten **Kochzeit:** 40 Minuten **Portionen:** 2

• •

4 verschiedenfarbige Bete (z. B. rot, orange und gelb), in grobe Stücke geschnitten

Abrieb und Saft von 1 Zitrone

½ Bund Thymian

4 Knoblauchzehen, zerdrückt

1 EL kaltgepresstes Olivenöl

2 mittelgroße Eier

2 EL Dukkah (gekauft)

200 g Labneh

2 EL Kräuter-Dressing (Seite 190)

Salz und frisch gemahlener schwarzer Pfeffer

• •

Ofen auf 200 °C vorheizen. Ein mittelgroßes Backblech mit einem großen Stück Alufolie auslegen, sodass die gesamte Bete daraufpasst. Dünne Folie einfach doppelt nehmen. Die Beten in die Mitte der Alufolie legen. Die Zitronenschale, den Zitronensaft sowie Thymian, Knoblauch und das Olivenöl darübergeben. Gut mit Salz und Pfeffer würzen, dann die Seiten der Folie über die Bete falten und die Kanten zusammendrücken, sodass ein geschlossenes Paket entsteht. Alles 40 Minuten rösten, oder bis die Beten weich sind, dann herausnehmen und beiseitestellen.

Eine Schüssel mit eiskaltem Wasser bereitstellen. Einen kleinen Topf mit Wasser bei mittlerer Hitze zum Kochen bringen. Die Eier vorsichtig hineingeben und die Hitze reduzieren. Die Eier 7 Minuten lang köcheln lassen und dann in das eiskalte Wasser legen.

Das Dukkah auf einen Teller geben. Die Eier schälen und in der Gewürzmischung wälzen. Die Eier halbieren und mit dem übrigen Dukkah bestreuen.

Das Labneh auf zwei Tellern verteilen, darauf die Bete und den Sud aus der Alufolie darübergießen. Jede Portion mit einem Ei garnieren und mit dem Dressing beträufeln.

• •

Vorbereiten

Die Bete kann man im Voraus rösten, dann muss man vor dem Servieren lediglich die Eier kochen und den Rest des Salats zusammenstellen.

• •

Warme, geröstete Frühkartoffeln, säuerlicher Rhabarber und cremiger Cheddar bilden eine perfekte Kombination für ein Frühlingsgericht.

Rhabarber und Kartoffeln aus dem Ofen

mit Brunnenkresse & Cheddar

Vorbereitungszeit: 10 Minuten **Kochzeit:** 30 Minuten **Portionen:** 2

• •

300 g Frühkartoffeln, größere Kartoffeln halbiert

3 EL Olivenöl

1 TL Fenchelsamen

4 Stangen Rhabarber, in 5 cm lange Stücke geschnitten

4 Knoblauchzehen, zerdrückt

2 Handvoll Brunnenkresse

100 g Cheddar, grob gehobelt

1 große Handvoll Fenchelblüten und -grün oder Dill

3 EL Dijon-Dressing (Seite 187)

• •

Den Ofen auf 200 °C vorheizen.

Die Kartoffeln in einem großen Topf mit Wasser zum Kochen bringen, dann die Hitze reduzieren und etwa 10 Minuten köcheln lassen, bis die Kartoffeln weich sind, wenn sie mit einem Messer angestochen werden. Abgießen und 2 Minuten ausdampfen lassen.

Das Olivenöl, die Fenchelsamen, den Rhabarber und den zerdrückten Knoblauch in eine mittelgroße Ofenform geben und die Kartoffeln hinzufügen. Alles vermischen und im Ofen etwa 15 Minuten rösten, bis der Rhabarber zu zerfallen beginnt.

Brunnenkresse, Cheddar, Fenchelblüten und -grün sowie das Dressing in die Ofenform geben, alles vermischen und sofort servieren.

• •

Veganisieren

Für eine vegane Variante den Käse weglassen und stattdessen 2 EL Nährhefe und eine kleine Handvoll gerösteter Cashews darüberstreuen. Den Honig im Dressing gegen Ahornsirup austauschen.

Wenn Sie keinen Kerbel finden, können Sie stattdessen einfach Dill verwenden. Sie können diesen Salat leicht für mehrere Gäste zubereiten – verdoppeln oder verdreifachen Sie einfach die Zutaten.

Frühlings-Blattsalat

mit Miso-Limetten-Dressing

Vorbereitungszeit: 10 Minuten **Kochzeit:** 0 Minuten **Portionen:** 2

1 (roter) Chicorée, Blätter getrennt

1 kleiner Romana-Salat, Blätter getrennt

10 Rosenkohlröschen

je 1 rote und gelbe Karotte

2 Stangen grüner Spargel

1 Baby-Gurke

3 EL Miso-Limetten-Dressing (Seite 188)

1 Handvoll Kerbel, gehackt

1 kleines Bund Estragon, gehackt

2 EL knuspriges Pangrattato (Seite 201)

Die Chicorée- und Romana-Salatblätter auf zwei Servierteller verteilen.

Den Rosenkohl in dünne Scheiben schneiden und zu den Salatblättern geben. Die Karotten, den Spargel und die Gurke mit einem Gemüseschäler in lange Streifen schneiden. Das Dressing darübergeben und mit den Kräutern und dem Pangrattato bestreuen. Sofort servieren.

Aufbewahren

Wenn man die doppelte Menge des Dressings zubereitet, kann man es ein paar Tage im Kühlschrank lagern, um es für andere Salate zu verwenden.

Verwenden Sie Frühkartoffeln, die gerade Saison haben, denn dann sind sie weich und süß. Hier wird das Bratöl als Dressing verwendet, also träufeln Sie am Ende alles über den Salat.

Knusprige Kartoffeln

mit Datteln & frischen Kräutern

Vorbereitungszeit: 5 Minuten **Kochzeit:** 40 Minuten **Portionen:** 2

- 400 g längliche Früh-Kartoffeln (Pink Fir) oder Baby-Kartoffeln
- 2 EL Olivenöl
- Abrieb und Saft von 1 Zitrone
- 4 Medjool-Datteln, entkernt und gewürfelt
- 2 EL Za'atar
- 1 EL Sumach
- 1 Handvoll glatte Petersilienblätter
- 1 Handvoll Minzblätter
- 1 Handvoll Korianderblätter
- 2 EL eingelegte Zwiebeln (Seite 195)
- 50 g Comté (oder ein beliebiger Hartkäse), gerieben
- Salz

Den Ofen auf 200 °C vorheizen.

Die Kartoffeln der Länge nach halbieren, damit sie eine möglichst große Oberfläche haben. Die Kartoffeln mit der Schnittfläche nach unten auf ein Backblech legen und mit dem Olivenöl und dem Zitronensaft beträufeln. Die gehackten Datteln dazugeben, alles mit Salz würzen und im Ofen 30 Minuten rösten.

Danach das Blech herausnehmen und die Zitronenschale, das Za'atar und den Sumach untermischen. Dann weitere 10 Minuten rösten, bis die Kartoffeln goldgelb und stellenweise knusprig sind.

Die Kräuter unter die Kartoffeln mischen und alles auf zwei Teller verteilen. Die eingelegten Zwiebeln und den geriebenen Käse darüberstreuen. Sofort genießen.

Veganisieren

Für eine vegane Variante einfach den Käse weglassen oder stattdessen geriebenen veganen Käse verwenden.

Dieser Salat ist ein echter Hingucker und besteht aus besten saisonalen Zutaten. Sie können diesen Salat auch zu jeder anderen Jahreszeit zubereiten – alles was Sie brauchen, ist knackiges Gemüse von bester Qualität.

Salat zum Teilen

Frühlings-Rohkost-Salat

Vorbereitungszeit: 30 Minuten
Kochzeit: 20 Minuten
Portionen: 6

- 1 Dose Kichererbsen (400 g)
- 1 Knoblauchzehe, geschält
- 2 Zitronen
- 2 EL Tahini
- 6 EL Olivenöl
- 1 große Prise scharfe Chiliflocken
- 1 Dose Cannellini-Bohnen (400 g), abgetropft und trocken getupft
- 2 EL Za'atar
- 1 kleines Bund bunte Karotten
- 6 Baby-Gurken
- 6 Zucchinis mit Blüten
- 200 g Feta
- 1 Bund glatte Petersilie, gehackt
- 100 g griechischer Joghurt
- 1 Bund Radieschen, in dünne Scheiben geschnitten
- 1 Chicorée, Blätter abgetrennt
- 100 g Erbsenschoten, halbiert
- 1 Handvoll essbare Frühlingsblumen
- 1 EL geröstete Kreuzkümmelsamen
- 1 Glas Zitrus-Dressing (Seite 190)
- Salz

1. Den Ofen auf 200 °C vorheizen. Für den Hummus die Kichererbsen abspülen und abtropfen lassen, dann zusammen mit dem Knoblauch in einen Mixer geben.

2. Die abgeriebene Zitronenschale und den Saft einer Zitrone, das Tahini, 2 EL Olivenöl, die scharfen Chiliflocken und eine 1 Prise Salz in den Mixer geben und alles zu einem glatten Hummus pürieren.

3. Die Bohnen auf einem großen Backblech ausbreiten, mit dem restlichen Olivenöl beträufeln und mit Za'atar bestreuen. 20 Minuten rösten, nach der Hälfte der Zeit umrühren, bis die Bohnen knusprig sind.

4. Den Hummus abschmecken und gegebenenfalls nachwürzen. Dann auf eine große Platte geben und verstreichen, um ein Bett für das Gemüse zu schaffen.

5. Mit einem Sparschäler Karottenstreifen schneiden und auf den Hummus legen. Die Baby-Gurken mit einem Messer in Scheiben schneiden.

6. Die Staubgefäße aus den Zucchiniblüten entfernen. Feta, Petersilie, abgeriebene Schale der zweiten Zitrone und Joghurt verrühren. Je einen Teelöffel in die Blüten füllen und die Spitzen der Blütenblätter zudrehen. Auf der Platte anrichten.

7. Die Radieschen, den Chicorée und die Erbsen schoten dekorativ auf die Platte schichten. Die knusprigen Cannellini-Bohnen darüberstreuen.

8. Vor dem Servieren mit den essbaren Frühlingsblumen garnieren, die Kreuzkümmelsamen darüberstreuen und das Dressing darüberträufeln. Sofort servieren.

Erbsen und Favabohnen mit cremiger Burrata sind eine klassische Kombination. Sie schmeckt frisch und lecker und macht Lust auf den Frühling.

Favabohnen-Erbsen-Salat

mit Burrata

Vorbereitungszeit: 2 Minuten **Kochzeit:** 5 Minuten **Portionen:** 2

• •

200 g geschälte Favabohnen
100 g frische Erbsen
Abrieb und Saft von ½ Zitrone
3 EL Kräuter-Dressing (Seite 190)
1 kleine Handvoll Minzblätter
1 Handvoll Erbsensprossen
2 Handvoll gemischte Salatblätter
1 Handvoll Croûtons (Seite 200)
2 Burratina-Kugeln oder 1 Burrata
Salz

• •

Einen mittelgroßen Topf mit leicht gesalzenem Wasser bei starker Hitze zum Kochen bringen. Die Favabohnen hinzufügen und 4 Minuten köcheln lassen. Die Erbsen hinzufügen und 1 weitere Minute kochen. Dann alles in einem Sieb abtropfen lassen und kurz unter fließendem kaltem Wasser abspülen.

Die Bohnen und Erbsen in eine große Schüssel geben, die Zitronenschale und den Saft sowie das Dressing hinzufügen und alles gut vermischen. Minzblätter, Erbsensprossen, Salatblätter und Croûtons dazugeben und schwenken, bis alles gut vermischt ist.

Den Salat auf zwei Schüsseln verteilen und jeweils eine Burratina in die Mitte legen. Eine große Burrata halbieren und auf die Teller verteilen.

• •

Veganisieren

Für eine vegane Variante den Käse weglassen und den Salat entweder mit gerösteten Cashews oder Kürbiskernen bestreuen.

Knusprige Knoblauch-Pilze, serviert mit pochierten Eiern, sind ein Hit. Man kann sie das ganze Jahr über zubereiten – einfach das Grünzeug saisonal variieren.

Pilz-Grünkohl-Salat

mit pochiertem Ei

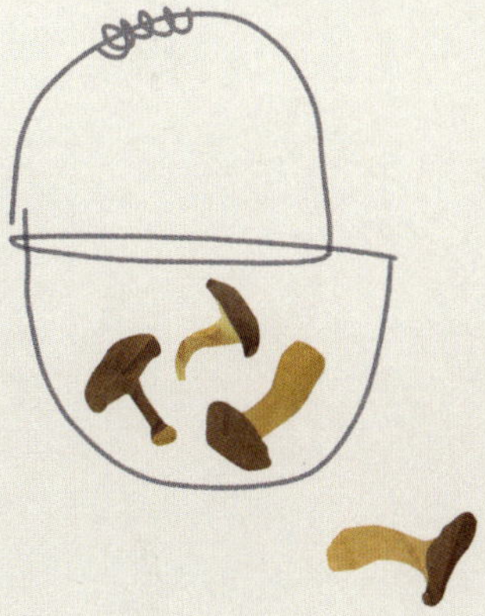

Vorbereitungszeit: 10 Minuten **Kochzeit:** 10 Minuten **Portionen:** 2

• •

2 Schalotten, in dünne Scheiben geschnitten

4 EL Weißweinessig

2 EL Butter

1 EL Olivenöl

400 g gemischte Pilze, in Scheiben geschnitten

3 Knoblauchzehen, in Scheiben geschnitten

2 Eier

Abrieb und Saft von ½ Zitrone

1 rote Chilischote, gehackt

1 Grünkohl, in feine Streifen geschnitten

1 große Handvoll glatte Petersilienblätter

1 kleine Handvoll geriebener Parmesan

Salz

• •

Die Schalotten und den Essig in eine kleine Schüssel geben, 1 große Prise Salz hinzufügen und alles beiseitestellen.

Eine große Pfanne erhitzen, die Butter, das Olivenöl und die Pilze hineingeben und 2 Minuten anbraten. Den Knoblauch hinzufügen und noch etwa 5 Minuten weiterbraten, bis die Pilze goldgelb und knusprig sind.

In der Zwischenzeit einen mittelgroßen Topf mit Wasser bei starker Hitze zum Kochen bringen. Die Eier in das kochende Wasser schlagen und 3–4 Minuten pochieren, bis das Eiweiß fest und das Eigelb noch flüssig ist. Mit einem Schaumlöffel herausnehmen und auf einem Teller abtropfen lassen.

Sobald die Pilze gebraten sind, die Zitronenschale und den Chili hinzugeben und die Pfanne vom Herd nehmen. Den Grünkohl und die Petersilie untermischen und alles auf zwei Schalen verteilen. Je ein pochiertes Ei daraufsetzen und die Schalotten und den Parmesan darüberstreuen. Sofort servieren.

• •

Aufbewahren

Man kann die Schalotten im Voraus einlegen und den Rest des Salats kurz vor dem Servieren zubereiten.

• •

Eine Neuauflage des klassischen Keil-Salats, ergänzt mit einer süßen, rauchigen Note. In wenigen Minuten zubereitet, ist dieser knackige Salat ein schnelles Mittagessen.

Keil-Salat

mit Tahini-Miso-Dressing

Vorbereitungszeit: 5 Minuten **Kochzeit:** 12 Minuten **Portionen:** 2

• •

- 100 g gerösteter Buchweizenschrot
- 120 g Bauchspeck, in Würfel geschnitten
- ½ TL süßes geräuchertes Paprikapulver
- 50 g Rauch-Mandeln, in Scheiben geschnitten
- 1 Eisbergsalat, in Spalten geschnitten
- 50 g Blauschimmelkäse
- 4 EL Tahini-Miso-Dressing (Seite 187)
- 1 kleine Handvoll Schnittlauchröllchen, zum Garnieren
- Salz

• •

Einen mittelgroßen Topf mit Wasser füllen, den Buchweizen hineingeben und mit Salz würzen. Alles bei mittlerer Hitze zum Kochen bringen, dann die Hitze reduzieren und etwa 6 Minuten köcheln lassen, bis der Buchweizen weich ist. Abgießen und beiseitestellen.

In einer mittelgroßen Pfanne den Speck bei mittlerer Hitze 6 Minuten anbraten, bis er golden und knusprig ist. Den gekochten Buchweizen hinzugeben und braten, bis die Speckwürfel und der Buchweizen goldgelb und knusprig sind. Vom Herd nehmen und das Paprikapulver und die Mandeln untermischen. Beiseitestellen.

Die Salatspalten auf zwei Teller geben und den Käse darüberbröseln. Die Mischung aus Speck und Buchweizen darübergeben und alles mit dem Dressing beträufeln. Mit Schnittlauch garnieren. Servieren und übriges Dressing dazu reichen.

• •

Veganisieren

Für eine vegane Variante den Speck weglassen, 1 EL Öl in die Pfanne geben und die Mandeln sowie das Paprikapulver 1 Minute anrösten, dann mit dem restlichen Rezept fortfahren.

• •

Gibt es etwas Besseres als auf den Punkt gereiftes Obst? Falls Sie keinen Holunderblütensirup finden können, lassen Sie ihn einfach weg. Die Früchte können Sie je nach Saison variieren.

Frühlings-Obstsalat

mit Holunderblüten-Sahne & gerösteten Haselnüssen

Vorbereitungszeit: 5 Minuten **Kochzeit:** 0 Minuten **Portionen:** 2

• •

200 ml Sahne
1 TL Vanillepaste
1 EL Holunderblütensirup
Abrieb und Saft von 1 Orange
2 Aprikosen, geviertelt und entkernt
1 Handvoll Brombeeren, halbiert
1 Handvoll Erdbeeren, halbiert
1 Handvoll Kirschen, entkernt und in Scheiben geschnitten
50 g geröstete Haselnüsse, gehackt

• •

In einer mittelgroßen Schüssel die Sahne mit der Vanillepaste und dem Holunderblütensirup mit dem Schneebesen aufschlagen, bis sie weiche Spitzen hat. Die Orangenschale hinzugeben und alles beiseitestellen.

Alle Früchte in eine große Schüssel geben, den Orangensaft darübergießen und alles vermischen.

Die Holunderblüten-Sahne auf zwei Teller verteilen und eine Mulde für die Früchte in die Mitte drücken. Das Obst hineingeben und mit den Haselnüssen bestreuen. Servieren.

• •

Aufbewahren

Die Sahne mit der Vanille und dem Holunderblütensirup aufschlagen, in einen luftdichten Behälter füllen und vor der Portionierung ein paar Stunden in den Kühlschrank stellen.

Saisonale Karotten mitsamt ihrem Grün schmecken im Frühling einfach köstlich. Achten Sie darauf, das Karottengrün gut zu waschen und vor dem Mixen grob zu hacken.

Würziger Karotten-Salat

mit Karottengrün-Pesto & knusprigen Kichererbsen

Vorbereitungszeit: 5 Minuten **Kochzeit:** 20 Minuten **Portionen:** 2

• •

10 bunte Karotten mit Grün
4 EL Olivenöl
1 TL Fenchelsamen
1 TL Koriandersamen
Abrieb und Saft von 1 Clementine
1 EL Honig
1 Handvoll Rauch-Mandeln
50 g Parmesan, gerieben
1 Handvoll Basilikumblätter
1 rote Chilischote
1 Handvoll Rucola
2 EL knusprige Kichererbsen (Seite 198)
Salz und frisch gemahlener schwarzer Pfeffer

• •

Den Ofen auf 200 °C vorheizen.

Die Enden der Karotten abschneiden und beiseitelegen. Große Karotten halbieren und alle auf ein Backblech legen. Mit 1 EL Olivenöl beträufeln, die Fenchel- und Koriandersamen, die Schale und den Saft der Clementine und den Honig hinzugeben und alles gründlich mischen. Kräftig würzen. Alles 20 Minuten rösten und nach der Hälfte der Zeit wenden.

In der Zwischenzeit eine große Handvoll gewaschenes Karottengrün zusammen mit den Mandeln, dem Parmesan, dem Basilikum, der ganzen Chilischote, dem übrigen Olivenöl sowie 3 EL Wasser in einen Mixer geben. Salzen und pürieren, bis die Masse glatt ist. Das Pesto abschmecken und bei Bedarf nachwürzen. Beiseitestellen.

Sobald die Karotten gar sind, aus dem Ofen nehmen und mit der Hälfte des Pestos, dem Rucola und den Kichererbsen auf zwei Tellern verteilen und mit einem zusätzlichen Klecks Pesto servieren.

• •

Veganisieren

Für eine vegane Variante den Honig gegen Ahornsirup austauschen und im Pesto Nährhefe anstelle des Parmesans verwenden.

• •

Salat im Glas

Dieser Salat ist genau das Richtige, wenn Sie Lust auf kräftige Aromen haben und dabei gesund und nährstoffreich essen möchten.

Asiatischer Brokkoli-Salat

mit Räucherlachs

Vorbereitungszeit: 10 Minuten **Kochzeit:** 15 Minuten **Portionen:** 2

- 500 g lila Sprossenbrokkoli
- 2 EL Kokosnussöl, zerlassen
- 2 El Tamari
- 2 EL gewürzter Reisessig
- 1 EL Sriracha
- 3 Knoblauchzehen, feingeschnitten
- 1 Stück Ingwer (5 cm), in Scheiben geschnitten
- 200 g heißgeräuchertes Lachsfilet ohne Haut, in Stücke gezupft
- 2 Portionen eingelegte Zwiebeln (Seite 195)
- 1 große Handvoll Spinat
- 1 Handvoll geröstete Umami-Kerne (Seite 196)
- 2 EL Erdnuss-Sesam-Dressing (Seite 191)

Ofen auf 250 °C (oder die höchstmögliche Temperatur) vorheizen.

Große Brokkolistängel halbieren, dann den Brokkoli in einer einzigen Schicht auf ein Backblech legen. Öl, Tamari, Essig, Sriracha, Knoblauch und Ingwer in einer kleinen Schüssel verrühren, dann über den Brokkoli gießen und alles vermengen. Den Brokkoli 10 Minuten rösten, dann wenden und noch etwa 5 Minuten weiterrösten, bis die Köpfe knusprig und leicht karamellisiert sind. Je eine Schicht Brokkoli in zwei 500-ml-Gläser geben, gefolgt von einer Schicht Lachs, den Zwiebeln, dem Spinat und den Umami-Kernen. Zum Servieren das Dressing darübergießen, das Glas mit einem Deckel verschließen und gut schütteln.

Vorbereiten

Dieser Salat ist ideal, um ihn vorzubereiten und für das Mittagessen im Kühlschrank aufzubewahren.

Diesen würzigen Koteletts verleiht eine köstliche Gewürzmischung namens Ras el Hanout, die in vielen Supermärkten erhältlich ist, das gewisse Etwas.

Würzige Lammkoteletts

mit Salat aus gerösteten Auberginen

Vorbereitungszeit: 5 Minuten **Kochzeit:** 15 Minuten **Portionen:** 2

- 2 Auberginen, längs in dünne Scheiben geschnitten
- 3 EL Olivenöl
- Saft von 1 Zitrone
- 4 Lammkoteletts
- 2 EL Ras el Hanout
- 1 große Handvoll glatte Petersilie, gehackt
- 1 große Handvoll Dill, gehackt
- 100 g Granatapfelkerne
- 50 g geröstete Pinienkerne
- 2 EL Za'atar-Dressing (Seite 189)
- 2 EL Granatapfelmelasse (nach Belieben)
- Salz und frisch gemahlener schwarzer Pfeffer

Eine große Grillpfanne auf höchster Stufe erhitzen. Die Auberginen in eine große Schüssel geben und einen Großteil des Olivenöls darüberträufeln. Kräftig mit Salz und Pfeffer würzen, dann in die Pfanne geben und auf jeder Seite 2–3 Minuten braten, bis sie gebräunt sind. Aus der Pfanne nehmen und mit dem Zitronensaft beträufeln. Die Pfanne auf dem Herd lassen.

Die Lammkoteletts mit dem übrigen Olivenöl beträufeln und mit Ras el Hanout bestreuen, sodass sie gleichmäßig bedeckt sind. Die Koteletts in die heiße Pfanne legen und auf jeder Seite 4 Minuten grillen.

Die Auberginenscheiben mit Petersilie, Dill, Granatapfelkernen und Pinienkernen mischen und alles auf zwei Teller verteilen. Die Koteletts daraufgeben und mit dem Dressing sowie nach Belieben mit der Granatapfelmelasse beträufeln. Sofort servieren.

Veganisieren

Für eine vegane Variante einfach einen Block festen Tofu in Ras el Hanout wälzen und in einer Grillpfanne von beiden Seiten goldbraun braten. Den Tofu in Stücke schneiden und unter den Salat mischen.

Die Paprikaschoten werden über der Gasflamme geröstet, Sie können aber auch einen Grill oder die Grillfunktion des Ofens verwenden. Wenn sie keine Sardellen mögen, lassen Sie sie einfach weg.

Paprika-Bohnen-Salat

mit Sardellen

Vorbereitungszeit: 5 Minuten **Kochzeit:** 20 Minuten **Portionen:** 2

- 6 rote Paprikaschoten
- 2 Knoblauchzehen, in Scheiben geschnitten
- 3 ½ EL Olivenöl
- 1 TL süßes Paprikapulver
- 2 EL Sherry-Essig
- 1 Dose (400 g) Cannellini-Bohnen
- 6 Sardellen in Öl
- Abrieb von 1 Zitrone (nach Geschmack)
- 1 großes Bund glatte Petersilie, grob gehackt
- Salz und frisch gemahlener schwarzer Pfeffer
- knuspriges Brot, zum Servieren

Sofern vorhanden, am Gasherd zwei Herdplatten auf höchste Stufe schalten und die Paprikaschoten über die offenen Flammen legen. Mit einer Metallzange wenden, wenn sie beginnen, schwarz zu werden. Die ganze Paprika soll rundherum verkohlt sein, das Rösten braucht also etwas Zeit und die Schoten sollten regelmäßig gewendet werden.

In der Zwischenzeit den in Scheiben geschnittenen Knoblauch, das Olivenöl, das Paprikapulver und den Essig in eine große Schüssel geben und mit einer Gabel gründlich verquirlen. Nach Geschmack würzen und beiseitestellen.

Die geschwärzten Paprikaschoten in eine andere Schüssel geben, mit einem Teller abdecken und 10 Minuten lang abkühlen lassen. Sobald sie kalt genug sind, um sie zu bearbeiten, die verkohlte Haut von den Paprikaschoten abziehen und das Fruchtfleisch in Streifen reißen, um die Kerne zu entfernen. Die Kerne und die verkohlten Häute entsorgen. Die Paprikastreifen mit den Cannellini-Bohnen zu der Knoblauch-Öl-Mischung geben und alles gut vermischen.

Den Salat auf zwei Schüsseln verteilen und die Sardellen, nach Geschmack die geriebene Zitronenschale und die Petersilie darüber verteilen. Mit knusprigem Brot servieren.

Vorbereiten

Dieser Salat lässt sich perfekt im Voraus zubereiten und im Kühlschrank aufbewahren.

Dieser Salat ist randvoll mit Aroma und wird mit perfekt gegarten Entenbrüsten gekrönt. Lust auf mehr? Dann geben Sie etwas gekochten Reis dazu.

Enten-Salat asiatischer Art

mit Grünkohl & Thai Chili-Ingwer-Dressing

Vorbereitungszeit: 10 Minuten **Kochzeit:** 15 Minuten **Portionen:** 2

• •

1 Grünkohl, in feine Streifen geschnitten

1 EL Erdnussöl

2 Entenbrüste (insgesamt ca. 340 g)

2 kleine Orangen, eine in Spalten geschnitten

1 kleine rote Zwiebel, in dünne Ringe geschnitten

1 Chicorée, in Scheiben geschnitten

1 Handvoll Shisoblätter, klein gezupft

50 g geröstete Umami-Kerne (Seite 196)

4 EL Thai Chilli-Ingwer-Dressing (Seite 189)

Meersalz und frisch gemahlener schwarzer Pfeffer

• •

Den Ofen auf 220 °C vorheizen

Den Grünkohl mit dem Erdnussöl beträufeln und alles gut durchkneten. Mit Salz würzen, auf einem großen Backblech ausbreiten und 10 Minuten im Ofen garen.

Die Haut der Entenbrust in Abständen von 2 cm einritzen, dann mit Salz und Pfeffer würzen. Die Schale der ganzen Orange abreiben und den Saft ausdrücken. Die Entenbrust mit der Hautseite nach unten in eine kalte Pfanne legen und dann die Hitze auf mittlere bis hohe Stufe stellen. Das Fleisch 8 Minuten anbraten, ohne es zu bewegen, bis die Haut goldbraun und knusprig ist.

In der Zwischenzeit den Grünkohl wenden und weitere 2 Minuten rösten, bis er knusprig ist.

Die Entenbrust wenden und auf der Fleischseite 4 Minuten braten, dann auf ein Schneidebrett legen und ruhen lassen. Die Orangenspalten, die rote Zwiebel, den Chicorée, die Shisoblätter sowie die Kerne in eine Schüssel geben und die Hälfte des Dressings darübergießen. Alles gut mischen und den Grünkohl unterheben. Die Ente in Scheiben schneiden und darauf anrichten. Das übrige Dressing dazu reichen.

• •

Veganisieren

Für eine vegane Variante in Scheiben geschnittenes Tempeh goldbraun und knusprig braten und mit dem Salat servieren.

• •

Sommer

Saisonales Gemüse im Sommer

BLATTGEMÜSE

Salate

Im Sommer gibt es viele verschiedene Salatsorten zur Auswahl, z.B. Romanasalat, Kopfsalat, Pflücksalat und Eisbergsalat. Probieren Sie den herzhaften gehackten Salat auf Seite 81.

Rucola

Dieses Sommergrün passt gut zu vielen anderen sommerlichen Produkten, wie z.B. Avocado, Gurke, Tomaten, Zitrone, Basilikum und sogar Obst, wie beim Grillobst-Salat auf Seite 71.

Spinat

Dieses Blattgrün eignet sich gut für kühlende Salate und passt zu vielen verschiedenen sommerlichen Zutaten, wie z.B. Garnelen, Feta, Gurken und Erdbeeren. Probieren Sie eine Art Salat Niçoise auf Seite 99.

Junge Wasserkresse

Wasserkresse hat einen frischen, pfeffrigen Geschmack. Sie können sie über Salate streuen oder als Garnitur verewnden, wie im Krabbencocktail-Salat auf Seite 67.

Erbsensprossen & Erbsen

Frische und besonders ganz junge Erbsen haben einen milden, süßen Geschmack und sind der Inbegriff des Sommers. Sie passen zu vielen Zutaten wie Fisch, Feta, Minze, Zitrone, Schalotten und Nüssen.

WURZELGEMÜSE

Kartoffeln

Kartoffeln sind eine sehr vielseitige Salatzutat und passen gut zu vielen verschiedenen sommerlichen Produkten, wie grüne Bohnen, Senf, Oliven, rote Zwiebeln, Essiggurken und frische Kräuter.

Karotten

Bundkarotten sind kleiner als im Herbst und Winter geerntete Karotten. Sie sind zart, sehr süß und man kann sie hervorragend mit dem Sparschäler in lange, dünne Streifen schneiden, wie im kalten Karottennudel-Salat auf Seite 93.

KÜCHENGARTEN

Spargel

Grüner Spargel hat einen leicht erdigen, grasigen Geschmack, der gut zu Zitronen, Estragon, Erbsen, Basilikum und Spinat passt.

Rote Zwiebel

Rote Zwiebeln sind aromatisch und würzig und schmecken im Sommer viel süßer als im Winter, da sie nicht so lange gelagert wurden. Man kombiniert sie am besten mit Tomaten, Gurken und Basilikum. Probieren Sie das Rezept auf Seite 69.

Mais

Mais passt mit seinem süßen, saftigen und nussigen Geschmack gut zu vielen verschiedenen Lebensmitteln, die wir mit dem Sommer verbinden, darunter Blattgemüse, Kartoffeln, Tomaten, Basilikum und Garnelen.

KÜCHENGARTEN

Grüne Bohnen

Mit ihrer knackigen Textur sind grüne Bohnen perfekt für Salate geeignet. Sie harmonieren hervorragend mit roten Zwiebeln, anderen Bohnen, Tomaten, Käse, schwarzen Oliven und Eiern.

Gurken

Gurken sind eines der beliebtesten Sommergemüse. Sie sind kühlend und hydrierend und eignen sich perfekt für heiße Tage. Probieren Sie den Smashed Cucumber-Salat auf Seite 83.

Tomaten

Tomaten schmecken im Sommer am besten. Richtig reif passen sie mit ihrem süßen, fruchtigen Aroma gut zu Basilikum, Oliven, Gurken, Feta, Parmesan, Avocado und Fenchel.

Zuchini

Zucchini, ob grün oder gelb, haben einen milden, süßen Geschmack. Sie harmonieren mit vielen verschiedenen sommerlichen Produkten, von Feta, Oliven und Auberginen bis hin zu Tomaten, Fenchel, Karotten und Basilikum.

Avocado

Avocados haben einen cremig-buttrigen, nussigen Geschmack und passen perfekt zu anderen sommerlichen Lebensmitteln, wie Tomaten, Garnelen, Gurken, Oliven und Salat.

FRÜCHTE

Kirschen

Die süßen, saftigen Nährstoffbomben passen sowohl zu süßen als auch zu herzhaften Rezepten. Zusammen mit anderen Sommerfrüchten ergeben sie einen köstlichen Obstsalat.

Pflaumen

Die vom Sommer bis zum Spätherbst erhältlichen Pflaumen sind je nach Sorte süß, säuerlich und mehr oder weniger saftig. Sie passen gut zu anderen Sommerfrüchten, aber auch zu Ingwer, Nüssen, Joghurt, Vanille, Zimt und Zitrusfrüchten.

Melone

Melone hat einen blumigen, fruchtig-süßen Geschmack, der gut mit anderen Sommerprodukten wie Erdbeeren, Heidelbeeren, Minze, Koriander, Zitrusfrüchten und Gurken harmoniert.

Nektarinen, Pfirsiche & Aprikosen

Saftig, süß und mediterran – sie sind der Inbegriff des Sommers und passen gut zu Rucola, Beeren, Trauben, Limetten, Minze, Estragon, Ingwer, Kirschen und Pflaumen.

Sommerbeeren

Erdbeeren, Himbeeren, Blaubeeren und Brombeeren sind in dieser Saison erhältlich und vielseitig verwendbar: Sie passen sowohl zu herzhaften als auch zu Obstsalaten.

Der Sommer ist da und dieses einfache, italienisch inspirierte Rezept für Zucchini-Salat ist ein absolutes Muss. Die Zucchini schmecken auch großartig, wenn man sie kurz grillt.

Salat aus gebratener Zucchini

mit Mozzarella & Fregola

Vorbereitungszeit: 15 Minuten **Kochzeit:** 15 Minuten **Portionen:** 2

250 g Fregola
Abrieb und Saft von 1 Zitrone
2 El Olivenöl
1 EL getrockneter Oregano
1 Knoblauchzehe, gerieben
1 rote Chilischote, gewürfelt
4 grüne und gelbe Zucchini, mit dem Sparschäler in lange dünne Streifen geschnitten
1 Handvoll Minzblätter
1 Handvoll Basilikumblätter
1 Kugel Mozzarella
Salz

Einen großen Topf zu einem Drittel mit Wasser füllen. Das Wasser zum Kochen bringen, die Fregola hineingeben und 10 Minuten garen, dann abgießen und beiseitestellen.

In der Zwischenzeit den Zitronensaft und die -schale zusammen mit dem Olivenöl, dem Oregano, dem Knoblauch und der Chili in eine große Salatschüssel geben.

Eine Grillpfanne auf hoher Stufe erhitzen. Die Zucchini in einer einzigen Schicht in die heiße Grillpfanne legen (gegebenenfalls in mehreren Schwüngen arbeiten) und 1–2 Minuten auf jeder Seite grillen, bis sie Farbe bekommen und weich sind. Die Zucchini in die Öl-Gewürzmischung geben und darin schwenken. Den Vorgang wiederholen, bis alle Zucchini gegart sind.

Die Fregola zu den Zucchini geben, die Kräuter zufügen und den Mozzarella in Stückchen zupfen und untermischen.

Vorbereiten

Dieser Salat lässt sich gut im Voraus zubereiten und für ein Picknick einpacken.

Dieser Salat vereint das Beste aus den Früchten der Saison. Sie können ihn den ganzen Sommer über zubereiten, denn er ist ein perfektes Frühstück oder Dessert für laue Nächte.

Sommerlicher Beeren-Salat

mit Ahornsirup, Zitrone & Vanille

Vorbereitungszeit: 10 Minuten **Kochzeit:** 0 Minuten **Portionen:** 2

• •

1 Handvoll Himbeeren

1 Handvoll Erdbeeren, klein geschnitten

1 Handvoll Kirschen, entkernt und halbiert

Abrieb und Saft von ½ Zitrone

2 EL Ahornsirup

200 g dicker griechischer Joghurt

1 TL Vanillepaste

Basilikumblätter, zum Dekorieren

• •

Alle Beeren in eine große Schüssel geben, die Zitronenschale hinzufügen und den Zitronensaft gleichmäßig darübergießen. Den Ahornsirup über die Mischung träufeln, alles gut verrühren und ein paar Minuten marinieren lassen.

Den Joghurt und die Vanille in einer Schüssel glatt rühren.

Den Joghurt in zwei Schalen füllen, das Obst darübergeben und mit dem restlichen Saft beträufeln. Mit Basilikum garnieren und servieren.

• •

Veganisieren

Für eine vegane Variante kann man den griechischen Joghurt durch einen veganen Soja- oder Kokos-Joghurt ersetzen.

• •

Frischer Mais ist der Inbegriff des Sommers. Hier werden drei Jalapeños verwendet, aber wenn Sie es nicht so scharf mögen, lassen Sie ein oder zwei Chilischoten weg.

Mais-Orecchiette-Salat

mit Kirschtomaten & Ricotta

Vorbereitungszeit: 10 Minuten **Kochzeit:** 15 Minuten **Portionen:** 2

• •

- 250 g Orecchiette
- 2 El El Olivenöl
- 3 Knoblauchzehen, in Scheiben geschnitten
- 3 Jalapeños, in Scheiben geschnitten
- 2 Handvoll gemischte Kirschtomaten, halbiert
- 3 frische Maiskolben, Körner abgeschnitten
- 100 g Ricotta
- Abrieb und Saft von ½ Zitrone
- 1 Bund Basilikum, Blätter abgezupft
- 1 große Handvoll Korianderblätter, grob gehackt
- Salz und frisch gemahlener schwarzer Pfeffer
- geriebener Pecorino Romano, zum Servieren (nach Belieben)

• •

Stark gesalzenes Wasser in einem mittelgroßen Topf zum Kochen bringen. Die Nudeln hinzugeben und nach Packungsanweisung etwa 8–10 Minuten bissfest kochen.

In der Zwischenzeit das Olivenöl in einer großen Pfanne auf mittlerer Stufe erhitzen, den Knoblauch hinzugeben und etwa 1 Minute braten, bis er leicht Farbe bekommt. Die Jalapeños, die Kirschtomaten und den Mais hinzufügen und alles 10 Minuten braten.

Sobald die Nudeln gekocht sind, 250–300 ml des Kochwassers beiseitestellen und die Nudeln abgießen. Zusammen mit dem Ricotta, der Zitronenschale, dem Saft und einem Schuss des Kochwassers in die Pfanne geben. Alles gründlich vermischen und bei Bedarf etwas mehr Kochwasser hinzufügen.

Die Kräuter untermischen und alles abschmecken. Die Nudeln in Schüsseln portionieren und nach Belieben mit geriebenem Pecorino servieren.

• •

Aufbewahren

Wenn man ihn im Voraus zubereiten möchte, kann man den Salat auch gut im Kühlschrank aufbewahren.

• •

Dieser Salat ist super schnell gemacht, frisch und knackig. Sie können jedes beliebige rohe Gemüse untermischen, wodurch er sehr vielseitig ist.

Fein geschnittener grüner Salat

mit „Green Goddess“-Dressing

Vorbereitungszeit: 10 Minuten **Kochzeit:** 6 Minuten **Portionen:** 2

• •

- 2 große Handvoll frische Erbsenschoten
- 6 Stangen grüner Spargel
- 1 Fenchel
- 1 Handvoll Zuckerschoten, halbiert
- 2 EL „Green Goddess“-Dressing (Seite 188)
- 1 Handvoll glatte Petersilienblätter
- 1 Handvoll Estragonblätter
- 1 Handvoll gehackte Mandeln

• •

Eine große Pfanne auf hoher Stufe erhitzen. Sobald sie heiß ist, die Erbsenschoten hineingeben und etwa 6 Minuten braten, bis sie rundherum knusprig sind.

Mit einem Sparschäler lange, dünne Streifen des Spargels in eine große Schüssel schneiden. Den Fenchel halbieren, vierteln und in dünne Scheiben schneiden. Zum Spargel geben.

Die Erbsen mit den Zuckerschoten in die Schüssel geben, alles vermischen, dann auf zwei Teller verteilen, mit dem Dressing beträufeln und mit den Kräutern und den gehackten Mandeln bestreuen.

• •

Aufbewahren

Die doppelte Menge vom Dressing herstellen und einige Tage im Kühlschrank aufbewahren, um andere Salate damit zu verfeinern.

• •

Eine Interpretation des Krabbencocktail-Salats aus den 1980er Jahren. Wenn Sie kein Fan von Mayonnaise sind, machen Sie das Dressing mit Crème fraîche oder griechischem Joghurt.

Krabbencocktail-Salat

mit Avocado

Vorbereitungszeit: 10 Minuten **Kochzeit:** 7 Minuten **Portionen:** 2

- 1 EL Olivenöl
- 8 Riesengarnelen, mit Kopf und Schale
- 2 Knoblauchzehen, in Scheiben geschnitten
- 1 rote Chilischote, gewürfelt
- 1 Handvoll Eisbergsalat, in feine Streifen geschnitten
- 1–2 reife Tomaten, gewürfelt
- ½ Salatgurke, gewürfelt
- 1 Avocado, entkernt und gewürfelt
- 1 kleine Packung Wasserkresse

Dressing

- Abrieb und Saft von ½ Zitrone
- ½ TL Cayennepfeffer
- 1 gehäufter TL Ketchup
- 3 EL Mayonnaise

Das Olivenöl in eine große Pfanne geben und auf großer Stufe erhitzen. Die Garnelen hineingeben und 4 Minuten braten, dann den Knoblauch und die Chilischote zufügen und unter Rühren weitere 3 Minuten braten, bis die Garnelen gar sind. Vom Herd nehmen und beiseitestellen.

Für das Dressing alle Zutaten in einer Schüssel verrühren und beiseitestellen.

Den Salat mit den Tomaten, der Gurke und der Avocado in eine große Schüssel geben. Die Hälfte des Dressings darüberträufeln und schwenken, bis alles vermischt ist.

Den Salat auf zwei Schüsseln verteilen und mit den Garnelen, der Brunnenkresse und dem zusätzlichen Dressing anrichten. Sofort servieren.

Veganisieren

Für eine vegane Variante kann man statt der Garnelen eine in Scheiben geschnittene Zucchini anbraten.

Wenn regionale Tomaten die perfekte Reife erreicht haben, was könnte dann besser schmecken als ein sommerlicher Tomatensalat? Wenn Sie Lust auf ein kleines Extra haben, verfeinern Sie den Salat mit Sardellen.

Sommerliche Panzanella

mit Basilikum

Vorbereitungszeit: 15 Minuten **Kochzeit:** 0 Minuten **Portionen:** 2

400 g gemischte Sommer-Tomaten, grob zerkleinert

2 EL Kapern

1 EL Rotweinessig

½ rote Zwiebel, in feine Scheiben geschnitten

1 große Handvoll Basilikum, Blätter klein gezupft

4 EL Olivenöl

1 große Handvoll Croûtons (Seite 200)

Salz und frisch gemahlener schwarzer Pfeffer

Alle Zutaten in eine große Schüssel geben, mit Salz und Pfeffer würzen und 10 Minuten ziehen lassen. Den Salat noch einmal umrühren und sofort servieren.

Aufbewahren

Man kann gleich die doppelte Menge Croûtons herstellen und in einem luftdichten Behälter bis zu einer Woche aufbewahren.

Wenn man die Früchte in diesem süß-würzigen Salat angrillt, kommen ihre Aromen voll zur Geltung. Servieren Sie ihn mit einem Glas Wein und stellen Sie sich vor, Sie wären im Urlaub.

Grillobst-Salat

mit Rucola, Mandeln & eingelegten Chilis

Vorbereitungszeit: 5 Minuten **Kochzeit:** 7 Minuten **Portionen:** 2

• •

2 Aprikosen, halbiert und entsteint

1 Nektarine, halbiert und entsteint

1 Pfirsich, halbiert und entsteint

2 EL Zitrus-Dressing (Seite 190)

1 kleine Handvoll Mandeln, gehobelt

1 große Handvoll Rucola

2 EL mexikanisch inspirierte eingelegte Chilis, in Scheiben geschnitten (Seite 194)

1 Kugel Mozzarella, in Stücke gezupft

1 Handvoll Croûtons (Seite 200)

• •

Eine große Grillpfanne auf hoher Stufe erhitzen, die Früchte mit der Schnittseite nach unten in die Pfanne legen und 5 Minuten grillen, bis ein Grillmuster entsteht. Wenden und 2 Minuten auf der anderen Seite grillen. Die Früchte herausnehmen und grob zerkleinern, dann in eine große Schüssel füllen. Das Dressing zusammen mit allen anderen Zutaten in die Schüssel geben. Alles gut vermischen und servieren.

• •

Veganisieren

Für eine vegane Variante einfach den Käse weglassen.

• •

Das ist unsere Version eines klassischen vietnamesischen Streetfood-Salats. Wenn Sie kein Schweinefleisch essen, können Sie auch Tofu oder Garnelen verwenden, beides passt ausgezeichnet. Sollte es keinen Kopfsalat geben, eignet sich auch Eisbergsalat. Für mehr Geschmack kann man das Schweinefleisch auf dem Grill zubereiten.

Salat zum Teilen

Vietnamesischer Reisnudel Salat

Vorbereitungszeit: 15 Minuten
Kochzeit: 8 Minuten
Portionen: 6

• •

400 g dünne Reisnudeln
120 ml heller Essig
100 g weißer Zucker
500 g Schweinebauch
2 EL Erdnussöl
3 Thai-Chilis, gehackt
5 Knoblauchzehen, fein gehackt
2 EL Sojasauce
3 EL Honig
4 EL Sesamsamen
4 rote und gelbe Karotten
1 Eisbergsalat, in feine Streifen geschnitten

1 Gurke, geschält und in lange Streifen geschnitten
1 Bund Frühlingszwiebeln, in Scheiben geschnitten
1 Glas Thai Chilli-Ingwer-Dressing (Seite 189)
1 Bund Minze, Blätter abgezupft
1 Bund Thai-Basilikum, Blätter grob gezupft
150 g geröstete Erdnüsse
Salz

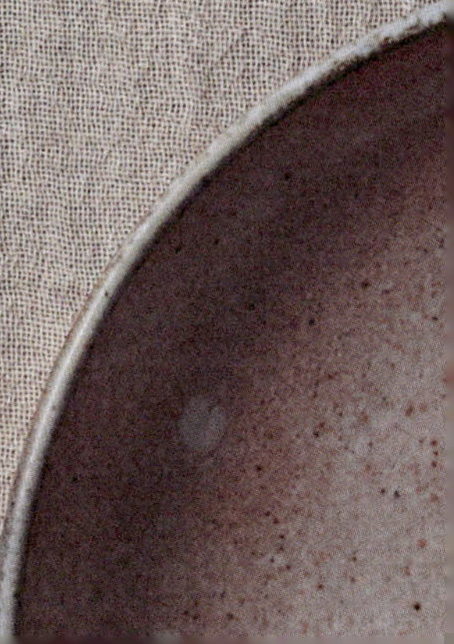

1. Die Reisnudeln nach Packungsanweisung kochen, dann unter fließendem kaltem Wasser abspülen und beiseitestellen.

2. Die Karotten mit einem Sparschäler in lange Streifen schneiden. Essig und Zucker in eine Schüssel geben und verrühren, bis sich der Zucker aufgelöst hat. 1 TL Salz unterrühren. Die Karotten untermischen und beiseitestellen.

3. Das Schweinefleisch in mundgerechte Stücke schneiden. Eine Grillpfanne auf dem Herd auf hoher Stufe erhitzen. Öl sowie Chili, Knoblauch und Schweinefleisch in eine Schüssel geben und alles vermischen.

4. Sojasauce, Honig und Sesam zum Schweinefleisch geben und verrühren, bis das Fleisch rundherum bedeckt ist.

5. Das Fleisch auf jeder Seite 2 Minuten grillen, bis es knusprig und goldbraun ist. Gegebenenfalls mehrere Portionen nacheinander braten. Das Fleisch herausnehmen und auf eine große Platte geben.

6. Die gekochten Nudeln, die Karotten, den Salat und die Gurkenstreifen nebeneinander auf eine Platte häufen.

7. Die Frühlingszwiebeln auf einer Seite der Platte anrichten, dann das gebratene Schweinefleisch in die Mitte geben. Die Hälfte des Dressings über den Salat träufeln.

8. Einen Teller mit den Kräutern, eine Schale mit Erdnüssen sowie das restliche Dressing zum Salat servieren und die Gäste ihre eigenen Portionen zusammenstellen lassen.

Dieser Salat ähnelt einem warmen, schnellen Risotto und ist eine wundervolle Möglichkeit, ganz viele Sommertomaten zu genießen.

Warmer Tomaten-Salat

mit Orzo & Sardellen

Vorbereitungszeit: 15 Minuten **Kochzeit:** 15 Minuten **Portionen:** 2

- 2 EL Olivenöl
- 150 g Orzo
- 3 Knoblauchzehen, in Scheiben geschnitten
- 400 g gemischte reife Tomaten, gewürfelt
- 50 g Sardellen in Olivenöl aus der Dose
- 1 TL scharfe Chiliflocken
- Abrieb und Saft von 1 Zitrone
- 1 Handvoll Röstzwiebeln (Seite 197)
- 1 Handvoll Basilikumblätter

Den Ofen auf 200 °C vorheizen.

1 TL des Olivenöls in einen Topf mit dickem Boden geben und auf mittlerer Stufe erhitzen. Den Orzo hinzugeben und 3–5 Minuten rösten, bis er leicht Farbe nimmt. So viel kochendes Wasser angießen, dass der Topf zu einem Drittel gefüllt ist, und alles zum Kochen bringen. Dann die Hitze reduzieren und 6–8 Minuten köcheln lassen.

In der Zwischenzeit den Knoblauch, die gehackten Tomaten, das restliche Olivenöl, die Sardellen, die Chiliflocken, die Zitronenschale und die Hälfte des Saftes in eine Auflaufform geben und 15 Minuten im Ofen braten.

Sobald der Orzo gekocht ist, abtropfen lassen und mit dem übrigen Zitronensaft unter die Tomaten mischen. Alles auf zwei Teller verteilen und mit den Röstzwiebeln und den Basilikumblättern bestreuen.

Veganisieren

Für eine vegane Variante einfach die Sardellen weglassen. Der Salat schmeckt auch dann noch köstlich.

Kirschen in herzhaften Gerichten sind eine Offenbarung. Ihr süßer und doch herber Geschmack macht sich bestens in diesem sommerlichen Salat.

Kirsch-Jalapeño-Salat

mit Couscous

Vorbereitungszeit: 5 Minuten **Kochzeit:** 10 Minuten **Portionen:** 2

• •

- 1 EL Olivenöl
- 200 g Couscous
- 1 Jalapeño-Chili, in Scheiben geschnitten
- 1 TL Sumach
- 200 g Kirschen, entkernt und halbiert
- 1 Handvoll Haselnüsse, geröstet
- 1 Handvoll Dill
- 1 Handvoll glatte Petersilienblätter
- 1 Handvoll Korianderblätter
- 2 EL Za'atar-Dressing (Seite 189)

• •

Das Olivenöl in einen mittelgroßen Topf geben und auf mittlerer Stufe erhitzen, dann den Couscous dazugeben und einige Minuten rösten. 500 ml kochendes Wasser angießen und den Couscous 7–8 Minuten kochen. Dann abgießen und beiseitestellen.

Alle übrigen Zutaten in eine große Schüssel geben, den Couscous hinzufügen und schwenken, bis alles gut vermischt ist. Sofort servieren.

• •

Vorbereiten

Den Salat kann man ein paar Stunden vorher zubereiten und kurz vor dem Servieren mit dem Dressing anmachen.

• •

Dieser Rohkostsalat ist ein wunderbar kühlender, knackiger Salat für heiße Tage. Ganz nach Belieben kann man ihn noch um eine proteinhaltige Zutat ergänzen.

Herzhafter gehackter Salat

mit schwarzen Bohnen & würzigem Kräuter-Dressing

Vorbereitungszeit: 10 Minuten **Kochzeit:** 0 Minuten **Portionen:** 2

- 100 g schwarze Bohnen aus der Dose
- 1 Knoblauchzehe, gerieben
- 3 EL würziges Kräuter-Dressing (Seite 186)
- ½ Salatgurke, gewürfelt
- 1 frischer Maiskolben, Körner abgeschnitten
- 1 Avocado, geschält, entkernt und gewürfelt
- 1 Handvoll Kirschtomaten, halbiert
- 1 Handvoll Romanasalat, in Streifen geschnitten
- 1 rote Zwiebel, gewürfelt
- 1 Handvoll geriebener Hartkäse (nach Geschmack)
- Salz und frisch gemahlener schwarzer Pfeffer

Die Bohnen mit dem geriebenen Knoblauch und 1 EL des Dressings in eine große Schüssel geben, vermischen und abschmecken.

Gurke, Mais, Avocado, Kirschtomaten, Romanasalat, gewürfelte Zwiebeln und Käse auf zwei Schüsseln verteilen und jeweils eine Hälfte der Bohnen sowie einen Schuss Dressing darübergeben.

Veganisieren

Für eine vegane Variante einfach den Käse weglassen oder einen veganen Käse mit Rauchnote verwenden.

Dieser Salat ist vollgepackt mit Aromen. Wenn Sie keine Zeit haben, frisches Chili-Öl (Seite 203) selbst herzustellen, kaufen Sie stattdessen ein hochwertiges Chili-Öl.

Smashed Cucumber-Salat

mit Jasminreis

Vorbereitungszeit: 5 Minuten **Kochzeit:** 15 Minuten **Portionen:** 2

- 150 g Jasminreis
- 1 große Salatgurke
- 1 EL Feinzucker
- 1 Knoblauchzehe, gerieben
- 1 Stück (5cm) Ingwer, geschält und in feine Streifen geschnitten
- 2 EL schwarzer Reisessig (Chinkiang)
- 1 große Handvoll gehackte Korianderblätter und -stängel
- 3 EL scharfes asiatisches Knusper-Öl (Seite 203)
- 1 Handvoll Erbsensprossen
- Salz und frisch gemahlener schwarzer Pfeffer

Den Reis abspülen und nach Packungsanweisung in einem Reiskocher garen.

Die Gurke der Länge nach aufschneiden und mit einem Löffel die Kerne entfernen. Dann die Gurke mit der Schnittfläche nach unten auf ein Schneidebrett legen, mithilfe eines Nudelholzes mit leichten Schlägen zertrümmern und dann schräg in längliche Stücke schneiden.

Den warmen Reis in eine große Schüssel geben und alle anderen Zutaten, außer den Erbsensprossen, untermischen. Abschmecken und bei Bedarf nachwürzen. Mit den Erbsensprossen bestreuen und sofort servieren.

Veganisieren

Um die vegane Variante etwas reichhaltiger zu machen, kann man vor dem Servieren Kürbiskerne und gehackte Mandeln darüberstreuen.

In diesem Salat stecken jede Menge Geschmack, Farbe und Biss. Das Topping wird aus knusprig gebackenem Pitabrot gemacht, aber Sie können auch gekaufte Croûtons verwenden.

Fattoush

mit Za'atar & knusprigem Pita-Topping

Vorbereitungszeit: 10 Minuten **Kochzeit:** 8 Minuten **Portionen:** 2

• •

2 Pita-Brote
1 EL Olivenöl
1 EL Sumach
1 Salatgurke, gewürfelt
10 gemischte Tomaten, grob gewürfelt
1 rote Paprika, gewürfelt
1 rote Zwiebel, in halbe Ringe geschnitten
1 kleiner Romanasalat, in Streifen geschnitten
1 große Handvoll gehackte glatte Petersilie
1 große Handvoll gehackte Minze
1 Handvoll Granatapfelkerne
Abrieb und Saft von ½ Zitrone
2 EL Za'atar-Dressing (Seite 189)
Salz und frisch gemahlener schwarzer Pfeffer

• •

Den Ofen auf 200 °C vorheizen.

Die Pita-Brote waagrecht halbieren, sodass man zwei Teigscheiben erhält, und diese in mundgerechte Stücke brechen. Die Stücke auf ein großes Backblech geben, mit dem Olivenöl beträufeln und darin wenden, bis sie vollständig bedeckt sind. Mit Salz und Pfeffer würzen und mit dem Sumach bestreuen. Im Ofen 8 Minuten rösten, bis die Brotstücke goldbraun und knusprig sind, dabei alle paar Minuten wenden. Sobald sie fertig sind, aus dem Ofen nehmen und beiseitestellen.

Gurke, Tomaten, Paprika, rote Zwiebel, Salat, Kräuter, Granatapfelkerne und knusprige Pitastücke auf zwei Schüsseln verteilen. Zitronenschale und -saft hinzufügen und alles mit Salz und Pfeffer würzen. Den Salat mit dem Dressing beträufeln und sofort servieren.

• •

Vorbereiten
Die Pita-Brote kann man auch schon einige Stunden vorher rösten.

• •

Süße, reife Tomaten, cremig-milder Ricotta und frische Kräuter sind eine traumhafte Kombination. Servieren Sie das Gericht mit rustikalem, knusprigem Brot als leichtes Mittagessen.

Sommerlicher Tomaten-Salat

mit knusprigem Pangrattato & cremigem Ricotta

Vorbereitungszeit: 5 Minuten **Kochzeit:** 0 Minuten **Portionen:** 2

• •

200 g Ricotta
1 Bund glatte Petersilie, gehackt
400 g reife Tomaten, grob gehackt
2 EL Olivenöl
1 EL Rotweinessig
50 g Sardellen in Olivenöl aus der Dose, abgetropft
1 Handvoll Majoran- oder Oreganoblätter
3 EL knuspriges Pangrattato (Seite 201)
Salz

• •

Ricotta und Petersilie in einer Küchenmaschine oder einem Mixer zu einer glatten, hellgrünen Masse verarbeiten und mit Salz würzen.

Den Ricotta mit einem Löffel auf einen großen Teller streichen. Die Tomaten darauf verteilen, Olivenöl und Essig darüberträufeln und mit den Sardellen, dem Majoran und dem Pangrattato garnieren. Sofort servieren.

• •

Vorbereiten
Den Ricotta und die Petersilie kann man im Voraus mixen und im Kühlschrank aufbewahren, bis man den Salat zusammenstellt.

• •

Sev ist ein beliebter indischer Snack, der aus knusprig frittierten Kichererbsen-Nudeln besteht. Falls Sie ihn im Supermarkt nicht finden können, lassen Sie ihn einfach weg.

Indischer Chaat-Salat

mit Koriander-Tamarinden-Sauce

Vorbereitungszeit: 10 Minuten **Kochzeit:** 20 Minuten **Portionen:** 2

• •

2 Kartoffeln, geschält und gewürfelt
100 g Kichererbsen
2 EL Ghee oder Öl
1 Zitrone, gewürfelt
Saft von 1 Limette
1 EL Garam Masala
2 TL Chaat Masala
1 TL gemahlener Kreuzkümmel
1 großes Bund Koriander
2 kleine grüne Thai-Chilischoten
½ Salatgurke, gewürfelt
4 Tomaten, gewürfelt
1 rote Zwiebel, gewürfelt
1 Handvoll Granatapfelkerne
2 EL Tamarindensauce
1 Handvoll Sev (nach Belieben)
Salz

• •

Den Ofen auf 200 °C vorheizen.

Die Kartoffeln und Kichererbsen auf ein Backblech geben, dann das Ghee, die gehackte Zitrone und das Garam Masala hinzufügen und alles vermischen. Im Ofen 20 Minuten rösten und nach der Hälfte der Zeit umrühren.

Die Kartoffeln und Kichererbsen aus dem Ofen nehmen und das Chaat Masala und den Kreuzkümmel untermischen.

Den Koriander, die grünen Chilischoten, den Limettensaft und 1 EL Wasser in einen kleinen Mixer geben und etwas Salz zufügen. Alles zu einer glatten, leuchtend grünen Creme pürieren.

Gurke, Tomaten, rote Zwiebel und die Granatapfelkerne zu den Kartoffeln geben und alles vermischen. In eine Servierschüssel füllen und mit der Koriander- und Tamarindensauce beträufeln. Nach Belieben mit Sev bestreuen und servieren.

• •

Vorbereiten

Die Kartoffeln und Kichererbsen kann man ein paar Stunden vorher rösten, in den Gewürzen ziehen lassen und den Salat kurz vor dem Servieren anrichten.

Eine Neuinterpretation eines klassischen thailändischen Gerichts, das unglaublich würzig und aromatisch ist. Falls man keinen Romanasalat findet, kann man ihn auch durch Eisbergsalat ersetzen.

Thailändischer Schweine-Larb-Salat

mit Sommerkräutern

Vorbereitungszeit: 10 Minuten **Kochzeit:** 20 Minuten **Portionen:** 2

- 2 EL Klebreis
- 1 EL Erdnussöl
- 4 Schalotten, in Scheiben geschnitten
- 250 g Hackfleisch vom Schwein
- 1 Stange Zitronengras, in Scheiben geschnitten
- 6 Kaffirlimettenblätter (Makrut), in feine Streifen geschnitten
- 2 kleine rote Thai-Chilischoten, in dünne Scheiben geschnitten
- 3 Knoblauchzehen, in dünne Scheiben geschnitten
- Saft von 1 Limette
- 1 EL Fischsauce
- 2 Romanasalate
- je 1 kleines Bund Koriander, Thai-Basilikum und Minze
- 1 Glas Thai Chilli-Ingwer-Dressing (Seite 189)
- Salz

Einen großen Wok stark erhitzen, den Reis hineingeben und 10 Minuten rösten, bis er rundherum goldgelb ist. Den Reis herausnehmen und in einem Mörser zu einem groben Pulver zermahlen.

Das Öl in den Wok geben und die Schalotten bei mittlerer Hitze 1 Minute anbraten. Schweinefleisch, Zitronengras, Kaffirlimettenblätter, Chilischoten und Knoblauch hinzufügen und bei starker Hitze weitere 10 Minuten braten, dabei häufig umrühren. Den gemahlenen Reis, den Limettensaft und die Fischsauce hinzufügen, dann abschmecken und bei Bedarf salzen.

Die Salatblätter wie kleine Schalen auf einer Platte anrichten und das Schweinefleisch hineingeben. Mit Kräutern bestreuen und das Dressing zum Dippen dazu reichen.

Vorbereiten
Das Schweinefleisch kann im Voraus gebraten und vor dem Servieren wieder aufgewärmt werden.

Salat im Glas

Dieser knackige Karotten-Zucchini-Salat lässt sich gut vorbereiten und vor dem Servieren gekühlt aufbewahren. So muss man ihn vor dem Genießen nur noch anmachen.

Kalter Karottennudel-Salat

mit pochiertem Huhn & Sommerkräutern

Vorbereitungszeit: 10 Minuten **Kochzeit:** 10 Minuten **Portionen:** 2

• •

2 Hühnerbrüste

1 Zitrone, in Scheiben geschnitten

1 kleines Bund Estragon

2 große Karotten

1 große Zucchini

1 Handvoll geröstete Pinienkerne

1 Handvoll Basilikumblätter

1 Handvoll Minzblätter

1 Handvoll entkernte schwarze Oliven, halbiert

3 EL Zitrus-Dressing (Seite 190)

• •

Wasser in einem mittelgroßen Topf zum Kochen bringen, die Hühnerbrüste, die Zitronenscheiben und den Estragon hinzufügen und die Temperatur reduzieren, sodass es leicht simmert. Etwa 10 Minuten zugedeckt köcheln lassen, bis das Huhn gegart ist. Das Fleisch aus dem Wasser nehmen und leicht abkühlen lassen.

Die Karotten und Zucchini mit einem Spiralschneider zu Nudeln verarbeiten und in zwei 500 ml-Einmachgläser schichten. Eine Schicht Pinienkerne und Kräuter hinzufügen. Das Fleisch in Scheiben schneiden und mit den Oliven in die Gläser geben. Kurz vor dem Genießen das Dressing darübergeben, die Gläser mit dem Deckel verschließen und gut schütteln.

• •

Veganisieren

Für eine vegane Variante anstelle des Hühnchens gerösteten Blumenkohl und für das Dressing Ahornsirup anstelle des Honigs verwenden.

Dieser Salat ist perfekt für laue Sommertage oder -nächte. An sehr heißen Tagen können Sie die Melone vor dem Schneiden eine Weile in den Kühlschrank legen.

Melonen-Prosciutto-Salat

mit Pangrattato & Zitrus-Dressing

Vorbereitungszeit: 5 Minuten **Kochzeit:** 0 Minuten **Portionen:** 2

• •

½ reife Melone, nach Geschmack (z. B. Orange Candy)

6 Streifen Prosciutto

1 Handvoll Minzblätter

1 Handvoll Basilikumblätter

½ rote Zwiebel, in dünne Scheiben geschnitten

1 Handvoll knuspriges Pangrattato (Seite 201)

1 EL Zitrus-Dressing (Seite 190)

1 EL natives Olivenöl extra

Salz und frisch gemahlener schwarzer Pfeffer

• •

Die Melone schälen, in dünne Spalten schneiden und auf zwei Tellern oder einer Platte anrichten.

Den Prosciutto über die Melone drapieren und mit den Kräutern, der Zwiebel und dem Pangrattato bestreuen. Dressing und Olivenöl darüberträufeln. Mit Salz und Pfeffer abschmecken und servieren.

• •

Veganisieren

Wer kein Fleisch isst, kann den Schinken einfach weglassen und die Melone mit Nüssen oder Samen bestreuen. Den Honig im Dressing gegen Ahornsirup austauschen.

Servieren Sie diesen klassischen griechischen Salat mit gegrilltem Fleisch oder Gemüse. Falls Reste übrig bleiben, kann man sie pürieren und als kalte Suppe servieren.

Der ultimative griechische Salat

mit schwarzen Oliven, Feta & Oregano

Vorbereitungszeit: 10 Minuten **Kochzeit:** 0 Minuten **Portionen:** 2

• •

500 g gemischte Tomaten, grob gewürfelt

1 kleine rote Zwiebel, in Scheiben geschnitten

½ Gurke, gewürfelt

1 Handvoll Minzblätter

1 große Handvoll schwarze Oliven, entkernt

1 EL Rotweinessig

3 EL natives Olivenöl extra

200 g Feta

2 TL getrockneter Oregano

Salz und frisch gemahlener schwarzer Pfeffer

• •

Die Tomaten, Zwiebeln, Gurken, Minze und Oliven in einer großen Schüssel vermengen. Den Essig und das Olivenöl dazugeben und alles gut vermischen. Mit Salz und Pfeffer würzen.

Den Salat auf zwei Teller verteilen. Den Feta großzügig mit Oregano bestreuen, dann auf die Teller geben und servieren.

• •

Veganisieren

Für eine vegane Variante entweder veganen Feta verwenden oder nach Belieben Kichererbsen aus der Dose untermischen.

Dieser Salat ist eine Variation des Niçoise-Salats mit Thunfisch. Für ein perfektes weiches Eigelb kochen Sie die Eier sechs Minuten, wenn Sie harte Eier bevorzugen, kochen Sie sie zwei Minuten länger.

Eine Art Salat Niçoise

mit Dijon-Dressing

Vorbereitungszeit: 5 Minuten **Kochzeit:** 15 Minuten **Portionen:** 2

- 1 Handvoll Baby-Kartoffeln, halbiert
- 1 Handvoll grüne Bohnen, halbiert
- 2 Eier
- 1 Handvoll gehackte schwarze Oliven
- ½ rote Zwiebel, in feine Scheiben geschnitten
- Blätter von 1 Bund glatter Petersilie
- ½ Salatgurke, in Scheiben geschnitten
- 220 g hochwertiger Thunfisch in Olivenöl aus der Dose
- 2 EL Dijon-Dressing (Seite 187)
- Salz und frisch gemahlener schwarzer Pfeffer

Wasser in einem kleinen Topf zum Kochen bringen. Die Kartoffeln hineingeben und etwa 6 Minuten kochen, bis sie weich sind, wenn man sie mit einem Messer ansticht. Die Kartoffeln mit einem Schaumlöffel herausnehmen und in eine Salatschüssel geben. Den Topf und das Kochwasser wieder auf den Herd stellen.

Die Bohnen in das kochende Wasser geben und 1 Minute blanchieren, dann herausnehmen und zu den Kartoffeln in die Schüssel geben.

Die Eier in das kochende Wasser geben und 6 oder auch 8 Minuten kochen. Danach abgießen und unter fließendem kaltem Wasser abschrecken, um den Kochprozess zu unterbrechen. Die Eier schälen, halbieren und beiseitestellen.

Oliven, Zwiebeln, Petersilie, Gurke, Thunfisch und Dressing zu den Kartoffeln und Bohnen geben, alles vermischen und auf zwei Schalen verteilen. Mit dem Ei garnieren und mit Salz und Pfeffer würzen.

Vorbereiten

Dieser Salat kann gut im Voraus zubereitet und kurz vor dem Servieren angemacht werden.

Was gibt es an einem warmen Abend besseres als Kaffee, Vanille-Mascarpone und süße Früchte? Verwenden Sie sommerliche Obstsorten, die gerade am schmackhaftesten sind.

Sommerlicher Obstsalat

mit Kaffee-Mascarpone

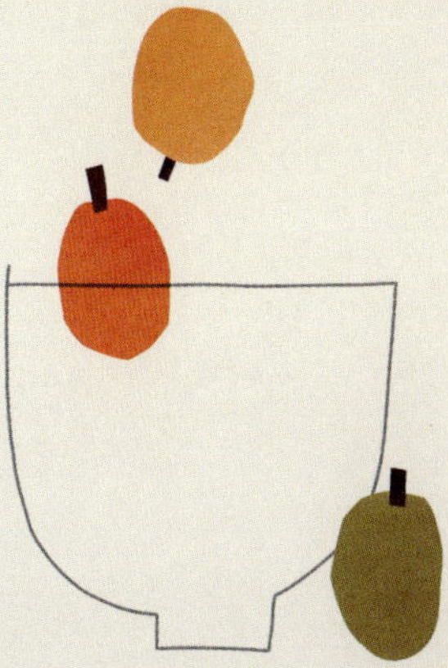

Vorbereitungszeit: 10 Minuten **Kochzeit:** 0 Minuten **Portionen:** 2

• •

1 Handvoll Kirschen, entkernt und halbiert

1 Handvoll Erdbeeren, halbiert

2 Pflaumen, entsteint und in Spalten geschnitten

1 Nektarine, entsteint und in Spalten geschnitten

2 EL Ahornsirup

Saft von 1 Zitrone

1 TL Vanillepaste

1 EL Kaffeesirup

100 g Mascarpone

1 Handvoll Minzblätter

• •

Das Obst in eine mittelgroße Schüssel geben, die Hälfte des Ahornsirups sowie den Zitronensaft hinzufügen, alles gut vermischen und marinieren lassen.

In einer großen Schüssel den übrigen Ahornsirup, die Vanillepaste, den Kaffeesirup und den Mascarpone mit einem Schneebesen cremig rühren.

Das Obst auf zwei Schalen verteilen und den Mascarpone darübergeben. Die Obst-Marinade darüberträufeln und mit Minze dekorieren. Sofort servieren.

• •

Vorbereiten
Den Salat und den Mascarpone kann man im Voraus zubereiten und bis zum Servieren im Kühlschrank aufbewahren.

• •

Herbst

Saisonales Gemüse im Herbst

BLATTGEMÜSE

Grünkohl

Der Geschmack von Grünkohl ist im Herbst süßer und nussiger, weshalb er sich sehr gut für wärmende Salate mit Kürbis, Rosenkohl, Äpfeln und Nüssen eignet.

Salat

Im Herbst haben viele Sorten Saison, darunter Feldsalat und Romanasalat, die in Kombination mit Gemüse wie Butternusskürbis herzhafte Salate ergeben.

Rucola

Rucola passt mit seinem pfeffrigen Geschmack sehr gut zu herbstlichen Produkten wie Butternusskürbis, Äpfeln, Rüben, Orangen und Birnen. Probieren Sie doch den Rosenkohl-Salat auf Seite 113.

Zichorien

Zichorien, wie z. B. Chicorée, Radicchio und Endiviensalat, sind recht bitter im Geschmack und passen gut zu herbstlichem Obst, wie z. B. Birnen, Orangen, Äpfeln sowie Nüssen.

Toskanischer Grünkohl

Toskanischer Grünkohl (Cavolo Nervo) hat einen milderen Geschmack als andere Grünkohlsorten und harmoniert gut mit anderem saisonalen Gemüse wie Rote Bete, Lauch und Karotten.

WURZELGEMÜSE

Karotten

Karotten spielen in Herbstsalaten eine Schlüsselrolle, denn ihre Süße ergänzt die herbe Note von Zutaten wie Chicorée, Rucola und Petersilie.

Rettich

Herbst- und Winterrettiche, wie der Wassermelonen-Rettich, haben einen milden, pfeffrigen Geschmack und passen, sowohl roh als auch gekocht, sehr gut zu Rüben und Äpfeln.

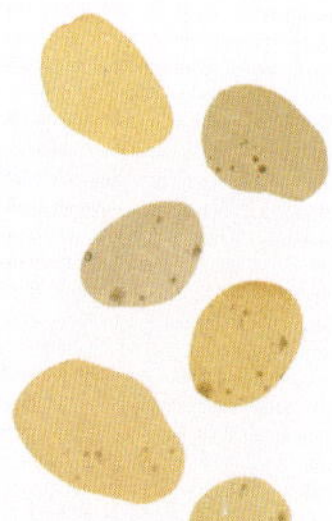

Neue Kartoffeln

Kartoffeln, einschließlich neue Kartoffeln, kann man mit vielen anderen herbstlichen Lebensmitteln kombinieren, wie Kürbis, Rosenkohl, Grünkohl und Süßkartoffeln.

Rüben

Roh schmecken Rüben recht mild, aber gekocht sind sie süß, erdig und nussig, was gut mit anderen herbstlichen Produkten wie Karotten, Kartoffeln und Äpfeln harmoniert.

WALD

Pilze

Pilze passen hervorragend in den Herbst. Ihr erdiger, fleischiger Geschmack harmoniert mit anderen saisonalen Produkten, wie Zwiebeln, Knoblauch, Nüssen und Grünkohl. Probieren Sie den Wildpilz-Salat auf Seite 115.

KÜCHENGARTEN

Avocado

Reife Avocados schmecken süß und nussig und lassen sich daher gut mit anderen Zutaten kombinieren, die wir mit dem Herbst assoziieren, wie Walnüsse, Butternusskürbis und Birnen.

Kürbis

Vom Butternusskürbis bis zum Eichelkürbis gibt es im Herbst eine Vielzahl von Sorten. Ihr erdiger, nussiger Geschmack harmoniert gut mit Pilzen, Rosenkohl und Äpfeln.

Staudensellerie

Sein intensiver, aber milder Geschmack macht sich gut in herzhaften Salaten mit mit Petersilie, Knollensellerie, Lauch oder Äpfeln. Versuchen Sie doch mal den Lauch-Blauschimmelkäse-Salat auf Seite 145.

Lauch

Der milde, süße Geschmack von Lauch harmoniert gut mit Äpfeln, Kartoffeln, Pilzen, Thymian und Käse.

Blumenkohl

Sein nussiger Geschmack mit bitteren Untertönen macht den Blumenkohl zur idealen Zutat für herzhafte Salate, zusammen mit Nüssen, Koriander, Kürbis und Kichererbsen.

FRÜCHTE

Birnen

Birnen kommen im Herbst besonders zur Geltung. Ihr milder, süßer und erdiger Geschmack passt zu anderem Obst und Gemüse wie Äpfeln, Kürbissen, Kartoffeln und Walnüssen. Probieren Sie den Birnen-Chicorée-Salat auf Seite 131.

Äpfel

Bei Äpfeln gibt es zahlreiche Sorten und Geschmacksrichtungen, von süß und knackig bis säuerlich, und sie lassen sich gut mit anderen saisonalen Zutaten wie Bete, Kürbis, Kohl, Grünkohl und Birnen kombinieren.

Feigen

Reife Feigen sind süß, haben einen honigartigen Geschmack und eine weiche Textur, die gut zu Walnüssen, Käse, Pflaumen und Trauben passt. Probieren Sie den Herbstlichen Brat-Obstsalat auf Seite 123.

Pflaumen

Pflaumen gehören zu den beliebtesten Früchten im Herbst. Mit ihrem milden, süß-säuerlichen Geschmack und ihrem saftigen Fruchtfleisch harmonieren sie gut mit Käse, Nüssen, Ingwer, Zimt, Honig und Äpfeln.

Brombeeren

Reife, saftige Brombeeren haben einen süßen, leicht säuerlichen Geschmack und passen gut zu anderen Herbstzutaten wie Äpfeln, Nüssen, Kürbiskernen, Zimt und Ingwer.

Wer gerne grillt, für den ist dieser Salat ein perfektes Gericht, aber in den kühleren Monaten kann man ihn auch im Ofen zubereiten. Servieren Sie Fladenbrot dazu.

Salat mit gegrillten Zwiebeln

und Lammkoteletts

Vorbereitungszeit: 5 Minuten **Kochzeit:** 15 Minuten **Portionen:** 2

4 Lammkoteletts
1 EL Olivenöl
1 EL rote Chiliflocken
2 TL Fenchelsamen
2 TL Koriandersamen
2 TL gemahlener Kreuzkümmel
3 rote Zwiebeln, geviertelt
1 Handvoll Granatapfelkerne
2 TL gemahlener Sumach
1 Bund Minze
1 Bund glatte Petersilie
2 EL Granatapfelmelasse
Saft von 1 Zitrone
Salz und frisch gemahlener schwarzer Pfeffer

Den Grill oder Ofen mit Bratrost auf hoher Stufe erhitzen.

In einer großen Schüssel die Lammkoteletts mit Olivenöl, Chiliflocken, Fenchel- und Koriandersamen sowie dem Kreuzkümmel vermischen. Salz und Pfeffer zufügen und die Koteletts in der Mischung wenden, sodass sie gut bedeckt sind.

Die Zwiebeln auf ein Backblech legen und 5 Minuten grillen, bis sie an manchen Stellen braun werden, dann wenden. Die Koteletts ebenfalls auf das Blech legen und alles weitere 5 Minuten grillen.

In der Zwischenzeit die übrigen Zutaten in eine große Salatschüssel geben.

Die Koteletts und Zwiebeln wenden und weitere 5 Minuten grillen.

Fleisch und Zwiebeln vom Grill nehmen, die Zwiebeln zum Salat geben und alles vermischen. Den Salat auf zwei Teller verteilen, die Koteletts darauflegen und servieren.

Veganisieren

Vegetarier können scharf angebratenen Räuchertofu verwenden und auf die gleiche Weise zubereiten.

Dieser herbstliche Obstsalat ist sehr einfach und schnell zubereitet und eignet sich als Frühstück oder gesundes Dessert. Verwenden Sie die Apfel- und Birnensorte, die Sie am liebsten mögen.

Apfel-Birnen-Salat

mit cremigem Ricotta

Vorbereitungszeit: 10 Minuten **Kochzeit:** 0 Minuten **Portionen:** 2

• •

200 g Ricotta
Abrieb und Saft von ½ Orange
2 EL flüssiger Honig
1 Birne, in Stifte geschnitten
1 Apfel (Pink Lady), in Stifte geschnitten
1 Handvoll Brombeeren, halbiert
1 Handvoll geröstete Haselnüsse, grob gehackt
1 Handvoll geröstete Kokosflocken

• •

In einer mittelgroßen Schüssel Ricotta, Orangenschale und -saft sowie den Honig verquirlen.

Den Ricotta auf zwei Schalen verteilen, das Obst, die Nüsse und die Kokosflocken darübergeben und sofort servieren.

• •

Vorbereiten
Den Ricotta kann man auch im Voraus anrühren und den Salat erst kurz vor dem Servieren anrichten.

• •

Knackiges Grün mit würzigem Dressing und Lachs – ein Traum. Verwenden Sie, was immer Sie an frischem Grünzeug im Kühlschrank haben.

Salat mit gebackenem Lachs

und knackigem Grün

Vorbereitungszeit: 10 Minuten **Kochzeit:** 10 Minuten **Portionen:** 2

- 150 g Lachsfilets ohne Haut
- 1 EL Olivenöl
- 1 Zitrone, in Scheiben geschnitten
- 1 Avocado, entkernt und in Würfel geschnitten
- 2 Stangen Staudensellerie, in Scheiben geschnitten
- 1 kleiner Kopfsalat, in Streifen geschnitten
- 1 Handvoll Zuckerschoten, halbiert
- 1 Handvoll Brunnenkresse
- 1 Handvoll Dillspitzen
- 2 EL „Green Goddess"-Dressing (Seite 188)
- 3 EL geröstete Umami-Kerne (Seite 196), zum Garnieren
- Salz und frisch gemahlener schwarzer Pfeffer

Den Ofen auf 200 °C vorheizen.

Den Lachs in eine Ofenform legen, mit dem Olivenöl beträufeln, mit Salz und Pfeffer würzen und mit Zitronenscheiben belegen. Die Filets 10 Minuten im Ofen braten. Die Avocado, den Sellerie, den Kopfsalat, die Zuckerschoten, die Brunnenkresse und den Dill in eine große Schüssel geben. Das Dressing hinzufügen und alles gut vermischen. Auf zwei Tellern anrichten.

Den fertig gegarten Lachs in Stücke zupfen und über den Salat streuen. Mit den gerösteten Kernen garnieren und sofort servieren.

Veganisieren

Für eine vegane Variante kann statt des Lachses ein Butternusskürbis in Würfel geschnitten und 20 Minuten im Ofen gebraten werden, bis er weich ist.

In diesem herzhaften Salat kommt der Rosenkohl voll zur Geltung. Knackiger Rosenkohl mit salzigem Feta und pfeffrigem Rucola ist eine perfekte Kombination.

Rosenkohl-Salat

mit Petersilie & Dijon-Dressing

Vorbereitungszeit: 5 Minuten **Kochzeit:** 10 Minuten **Portionen:** 2

1 EL Olivenöl
200 g Rosenkohl, halbiert
Blätter von 1 Bund glatter Petersilie
3 EL Dijon-Dressing (Seite 187)
2 EL Pinienkerne, geröstet
1 kleine Handvoll geröstete Mandeln, gehackt
2 Handvoll Rucola
100 g Feta, zerbröckelt

Eine große Pfanne stark erhitzen, das Olivenöl hineingeben und den Rosenkohl mit der Schnittseite nach unten in die Pfanne legen. Etwa 6 Minuten braten, bis er auf dieser Seite goldbraun ist. Den Rosenkohl wenden und weitere 4 Minuten braten.

Die Petersilie und das Dressing im Mixer zu einer intensiv grünen Sauce pürieren.

Den Rosenkohl in eine große Schüssel geben und die Pinienkerne, Mandeln, den Rucola und den Feta hinzufügen. Das Dressing dazugeben, alles gut vermischen und servieren.

Veganisieren

Lässt man den Feta weg, ist dieses Gericht vegan. Stattdessen kann man einige Würfel marinierten Tofu anbraten und dann über das fertige Gericht streuen. Für das Dressing Ahornsirup anstelle von Honig verwenden.

In dieser Saison sind Pilze besonders köstlich, also nehmen Sie all Ihre Lieblingssorten oder was gerade am besten schmeckt. Braten sie die Pilze unbedingt, bis sie goldbraun sind.

Wildpilz-Salat

mit pochiertem Ei

Vorbereitungszeit: 10 Minuten **Kochzeit:** 15 Minuten **Portionen:** 2

• •

1 EL Olivenöl

1 EL Butter

400 g gemischte Wildpilze, große halbiert

3 Knoblauchzehen, in Scheiben geschnitten

Saft von ½ Zitrone

2 Eier

1 Prise scharfe Chiliflocken

1 großes Bund glatte Petersilie

1 große Handvoll Rucola

20 g Parmesan, gehobelt (nach Belieben)

1 Handvoll Croûtons (Seite 200)

2 EL Chili-Dressing (Seite 191), (nach Belieben)

Salz und frisch gemahlener schwarzer Pfeffer

• •

Eine große Pfanne auf hoher Stufe erhitzen, das Olivenöl und die Butter hineingeben, dann die größeren Pilze darin 5 Minuten braten. Die kleineren Pilze hinzufügen und weitere 5 Minuten braten. Den Knoblauch dazugeben und 2–3 Minuten braten, bis alle Pilze und der Knoblauch goldgelb sind. Anschließend den Zitronensaft angießen und alles mit Salz und Pfeffer würzen.

In der Zwischenzeit Wasser in einem mittleren Topf zum Kochen bringen. Die Eier ins kochende Wasser geben und 3–4 Minuten pochieren, bis das Eiweiß fest und das Eigelb noch flüssig ist. Die Eier mit einem Schaumlöffel herausnehmen und auf einem Teller abtropfen lassen.

Die Pilze vom Herd nehmen, die Chiliflocken, die Petersilie und den Rucola hinzufügen und alles gut vermischen.

Den Salat auf zwei Schalen verteilen und die pochierten Eier, die Croûtons, sowie nach Belieben den gehobelten Parmesan sowie weiteres Dressing darübergeben, dann servieren.

• •

Aufbewahren

Die doppelte oder dreifache Menge Croûtons zubereiten und für andere Salate in einem luftdichten Behälter bis zur einer Woche aufbewahren.

Im Herbst ist Kürbis einfach am besten – süß, zart und sättigend. Dieser Salat ist eine perfekte wärmende Wohlfühl-Mahlzeit für die kühleren Monate.

Salat mit geröstetem Kürbis

und knusprigem Salbei

Vorbereitungszeit: 5 Minuten **Kochzeit:** 45 Minuten **Portionen:** 2

• •

150 g Dinkelkörner

1 kleiner Kürbis

2 rote Zwiebeln, geviertelt

2 EL Olivenöl

1 EL Butter

2 Handvoll Salbeiblätter

1 eingelegte Zitrone, gehackt

2 Handvoll Brunnenkresse

3 EL geröstete Umami-Kerne (Seite 196)

1 TL Sumach

Salz und frisch gemahlener schwarzer Pfeffer

• •

Den Ofen auf 200 °C vorheizen.

Den Dinkel und 500 ml Wasser in einen mittelgroßen Topf geben und zum Kochen bringen. Salzen und sobald der Dinkel kocht, die Hitze auf die kleinste Stufe reduzieren, einen Deckel auflegen und alles 45 Minuten köcheln lassen, bis die Körner weich, aber nicht zerkocht sind.

In der Zwischenzeit den Kürbis halbieren, die Kerne herauskratzen und entsorgen. Den Kürbis in schmale Spalten schneiden und auf ein großes Backblech legen. Die Zwiebeln dazugeben und 1 EL Öl darüberträufeln. Alles kräftig mit Salz und Pfeffer würzen und im Ofen 15 Minuten braten.

Inzwischen in einer Pfanne die Butter auf mittlerer Stufe erhitzen, den Salbei hineingeben und etwa 3 Minuten braten, bis er knusprig ist. Auf einen Teller geben und beiseitestellen.

Den Kürbis wenden und weitere 10 Minuten braten, bis er weich und goldbraun ist.

Den Dinkel abtropfen lassen, auf einer Platte anrichten, mit dem übrigen Öl beträufeln und nach Geschmack würzen. Die Zitrone und die Brunnenkresse dazugeben und dann den Kürbis, die Zwiebeln, die Kerne und den Sumach darüber verteilen.

• •

Vorbereiten

Dieser Salat lässt sich gut im Voraus zubereiten und kalt servieren.

Dieser knackige, würzige und erfrischende Salat strotzt vor Aromen. Falls Sie keinen Thunfisch in Sushi-Qualität finden, können Sie stattdessen heiß geräucherte Lachsfilets verwenden.

Japanischer Rüben-Salat

mit rohem Thunfisch, gerösteten Kernen & Miso-Limetten-Dressing

Vorbereitungszeit: 5 Minuten **Kochzeit:** 0 Minuten **Portionen:** 2

• •

1 Bund japanische Rüben

1 Baby-Gurke, in Scheiben geschnitten

Blätter von 1 Bund Koriander (nach Belieben)

8 Shisoblätter, klein gezupft

100 g Thunfisch in Sushi-Qualität, gewürfelt

1 Jalapeños, in Scheiben geschnitten

1 EL scharfes asiatisches Knusper-Öl (Seite 203)

2 EL Miso-Limetten-Dressing (Seite 188)

2 EL würzige Umami-Kerne (Seite 196)

• •

Die Rüben mit einem scharfen Messer oder einer Mandoline in feine Scheiben schneiden und in eine große Schüssel geben.

Alle anderen Zutaten hinzufügen, alles gut vermischen und sofort servieren.

• •

Veganisieren

Für eine vegane Variante eignet sich statt des Thunfischs auch hochwertiger Seidentofu.

• •

Das Dressing für diesen Salat ist sehr reichhaltig, aber es bleibt jedem überlassen, wie viel Dressing man hinzufügt. Hier wird er mit Roggen-Croûtons verfeinert, aber auch mit Lachs schmeckt er köstlich.

Klassischer Waldorf-Salat

mit Roggen-Walnuss-Krümeln

Vorbereitungszeit: 15 Minuten **Kochzeit:** 0 Minuten **Portionen:** 2

3½ EL Mayonnaise
3½ EL griechischer Joghurt
1 TL englischer Senf
6 Zweige Estragon, fein gehackt
Saft von 1 Zitrone
50 g Roggen-Croûtons (Seite 199)
60 g Walnüsse, geröstet
100 g grüne Weintrauben, halbiert
2 Stangen Staudensellerie, in 2 cm große Stücke geschnitten
2 Äpfel (Pippin), in Stifte geschnitten
1 Romanasalat, in Streifen geschnitten
Salz und frisch gemahlener schwarzer Pfeffer

Zuerst das Dressing zubereiten: Mayonnaise, Joghurt und Senf in eine Schüssel geben und verquirlen. Estragon und Zitronensaft unterrühren, dann abschmecken.

Die Roggen-Croûtons und die gerösteten Walnüsse in einer Küchenmaschine zu groben Krümeln verarbeiten. Beiseitestellen.

Trauben, Sellerie, Äpfel und Salat in eine Schüssel geben, das Dressing hinzufügen und alles vermischen.

Den Salat auf zwei Teller verteilen, mit den Roggen-Walnuss-Krümeln bestreuen und servieren.

Vorbereiten

Das Dressing kann im Voraus hergestellt und im Kühlschrank aufbewahrt werden, bis man den Salat zubereitet. Auch die Roggen-Walnuss-Krümel können vorbereitet werden.

Dieser warme Salat aus gebratenem Obst ist sehr vielseitig – mit einem Klecks Joghurt kann er zum Frühstück gegessen werden oder mit etwas Eiscreme auch als Dessert.

Herbstlicher Brat-Obstsalat

mit würzigem Hafer-Crumble

Vorbereitungszeit: 10 Minuten **Kochzeit:** 10 Minuten **Portionen:** 2

• •

2 Birnen, geviertelt
2 Feigen, halbiert
2 Pflaumen, geviertelt
1 Handvoll grüne Weintrauben
1 Handvoll Mandeln
3½ EL Ahornsirup
Abrieb und Saft von 1 Orange
2 EL Butter
1 Stück eingelegter Ingwer, gehackt
50 g grobe Haferflocken
½ TL gemahlener Zimt

• •

Den Ofen auf 200 °C vorheizen.

Die Birnen, Feigen, Pflaumen, Trauben, Mandeln, den Ahornsirup und den Orangensaft in eine Ofenform geben und 10 Minuten im Ofen backen.

In der Zwischenzeit eine mittelgroße Pfanne auf mittlerer Stufe erhitzen. Die Butter, den Ingwer, die Haferflocken, die Orangenschale und den Zimt hineingeben und 5–8 Minuten braten, bis alles goldgelb und knusprig ist.

Den Hafer-Crumble auf zwei Schalen verteilen, die gerösteten Früchte darübergeben und servieren.

• •

Vorbereiten
Die Früchte können im Voraus zubereitet und kalt serviert werden, oder man kombiniert sie mit Haferbrei zu einem sättigenden Frühstück.

• •

Diese Variante eines Caesar-Salats ist köstlich, denn der rohe Rosenkohl verleiht ihm einen erdigen Geschmack. Passen Sie auf Ihre Finger auf, falls Sie eine Mandoline verwenden.

Rosenkohl-Caesar-Salat

mit Roggen-Croûtons & Brunnenkresse

Vorbereitungszeit: 10 Minuten **Kochzeit:** 0 Minuten **Portionen:** 2

400 g Rosenkohl
Saft von ½ Zitrone
1 EL Olivenöl
1 Handvoll Brunnenkresse
1 Handvoll geröstete Mandeln, gehackt
1 Avocado, halbiert, entkernt und gewürfelt
3 EL Parmesan-Dressing (Seite 186)
1 Handvoll Roggen-Croûtons (Seite 199)
Salz und frisch gemahlener schwarzer Pfeffer

Den Rosenkohl mit einem scharfen Messer oder einer Mandoline in feine Scheiben schneiden und in eine große Schüssel geben. Den Zitronensaft hinzufügen und das Olivenöl darüberträufeln. Alles gut vermischen und kräftig mit Salz und Pfeffer würzen.

Alle übrigen Zutaten untermischen und sofort servieren.

Veganisieren
Das Dressing kann man mit veganem Joghurt zubereiten und den Käse durch 2 EL Nährhefe ersetzen.

Diesen Kartoffelsalat kann man wunderbar warm essen, aber wenn man unterwegs ist, schmeckt er auch kalt sehr gut. Wenn Sie keine Schärfe mögen, lassen Sie die Chilischote einfach weg.

Der perfekte Kartoffelsalat

mit Kapern & Crème fraîche

Vorbereitungszeit: 5 Minuten **Kochzeit:** 20 Minuten **Portionen:** 2

- 300 g neue Kartoffeln, größere halbiert
- 50 g gewürfelter Pancetta
- 2 Handvoll toskanischer Grünkohl, in feine Streifen geschnitten
- 1 EL Olivenöl
- Abrieb und Saft von ½ Zitrone
- 1 rote Chilischote, gewürfelt
- 2 EL Kapern
- 3 Dillgurken, gehackt
- 1 Handvoll Dill, plus etwas mehr zum Servieren
- 1 Handvoll Schnittlauch, gehackt
- 1 Handvoll glatte Petersilie, gehackt
- 200 g Crème fraîche
- Olivenöl, zum Beträufeln (nach Belieben)
- Salz und frisch gemahlener schwarzer Pfeffer

Die Kartoffeln in einem großen Topf mit Salzwasser zum Kochen bringen. Sobald das Wasser kocht, die Hitze reduzieren und 10–15 Minuten köcheln lassen, bis die Kartoffeln ganz weich sind.

In der Zwischenzeit in einer großen Pfanne den Pancetta bei mittlerer Hitze 5 Minuten anbraten. Den Grünkohl, das Olivenöl, die Zitronenschale und den -saft, die Chilischote und die Kapern hinzufügen und alles weitere 4 Minuten braten.

Sobald die Kartoffeln gar sind, abgießen und in eine Salatschüssel geben. Dillgurken, Kräuter und Crème fraîche hinzufügen und alles mit Salz und Pfeffer würzen. Die Pancetta-Grünkohl-Mischung unterheben und nach Belieben mit etwas Dill und Olivenöl garnieren.

Veganisieren

Für eine vegane Variante den Pancetta weglassen und die Crème fraîche durch vegane Mayonnaise ersetzen.

Wie könnte man diesen Salat nicht lieben? Salziger, gebratener Halloumi mit knackigen grünen Bohnen und Tomaten. Dieses Gericht passt hervorragend zu gebratenem Fisch und gegrilltem Fleisch.

Halloumi-Bohnen-Salat

mit schwarzen Oliven & Pistazien

Vorbereitungszeit: 5 Minuten **Kochzeit:** 10 Minuten **Portionen:** 2

1 TL Olivenöl
225 g Halloumi, in Würfel geschnitten
300 g grüne Bohnen, halbiert
1 EL Senfkörner
Abrieb und Saft von 1 Zitrone
3 EL entsteinte schwarze Oliven, halbiert
4 große Tomaten, gewürfelt
1 Handvoll geröstete Pistazien, gehackt
1 Handvoll Minzblätter
1 EL Honig (nach Belieben)

In einer mittelgroßen Schüssel Olivenöl und Halloumi vermengen, bis der Halloumi ganz mit Öl bedeckt ist.

Eine große Pfanne auf mittlerer Stufe erhitzen, den Halloumi hineingeben und auf jeder Seite 1 Minute braten, bis er rundherum goldgelb ist.

Die grünen Bohnen, Senfkörner, Zitronenschale und -saft hinzugeben und 2 Minuten braten. Zusammen mit den Oliven, Tomaten, Pistazien und der Minze in eine Salatschüssel geben, nach Belieben mit etwas Honig beträufeln und servieren.

Veganisieren

Für eine vegane Variante einfach einen Block festen (marinierten) Tofu anstelle des Halloumis verwenden und den Honig durch Ahornsirup ersetzen.

Dieser Salat ist vollgepackt mit saisonalen Zutaten. Wenn Sie keinen Gorgonzola mögen, eignet sich auch ein weicher Ziegenkäse oder sogar Feta.

Birnen-Chicorée-Salat

mit Gorgonzola, Haselnüssen & Chili-Dressing

Vorbereitungszeit: 5 Minuten **Kochzeit:** 6 Minuten **Portionen:** 2

- 1 EL Butter
- 2 Birnen, geviertelt und entkernt
- Saft von ½ Zitrone
- 2 Chicorée, Blätter abgetrennt
- 1 Handvoll Brunnenkresse
- 1 Handvoll geröstete Haselnüsse, gehackt
- 50 g Gorgonzola
- 2 EL Chili-Dressing (Seite 191)

Die Butter in eine große Pfanne geben und bei mittlerer Hitze schmelzen lassen. Die Birnen und den Zitronensaft zufügen und 2–3 Minuten goldbraun braten. Die Birnen wenden und auf der anderen Seite ebenfalls 2–3 Minuten braten.

In der Zwischenzeit den Chicorée, die Brunnenkresse, die Haselnüsse und den Gorgonzola in eine Salatschüssel geben. Das Dressing darübergießen und umrühren, bis alles gut vermischt ist.

Die gebratenen Birnen auf zwei Teller verteilen und den Salat darauf anrichten.

Vorbereiten

Die Birnen kann man im Voraus braten und dann den übrigen Salat vor dem Servieren zusammenstellen.

Salat im Glas

Vollgepackt mit erdigen Herbstaromen und abgerundet mit cremigem Ricotta – dieser Salat eignet sich hervorragend als Mittagessen für unterwegs. Machen Sie ihn erst kurz vom dem Essen an.

Perfekter Herbst-Salat

mit gerösteten Samen & Zitrus-Dressing

Vorbereitungszeit: 20 Minuten **Kochzeit:** 0 Minuten **Portionen:** 2

• •

4 Stangen Staudensellerie, schräg in Scheiben geschnitten

200 g Rosenkohl, in feine Scheiben geschnitten

3 Äpfel, in Stifte geschnitten

1 Kopf Grünkohl, in feine Streifen geschnitten

100 g Rauch-Mandeln, gehackt

1 Handvoll Estragon, gehackt

1 Handvoll Dill, gehackt

½ Glas würzige Umami-Kerne (Seite 196)

50 g geröstete gemischte Samen, (z. B. Kürbiskerne und Sesam)

100 g Ricotta

1 Glas Zitrus-Dressing (Seite 190)

• •

Den Sellerie auf zwei 1-Liter-Gläser verteilen, dann den Rosenkohl, den Apfel, den Grünkohl, die Rauch-Mandeln, die gehackten Kräuter und die gerösteten Samen darüberschichten. Den Ricotta gleichmäßig auf beide Gläser verteilen. Kurz vor dem Essen das Dressing darübergießen, den Deckel schließen und das Glas kräftig schütteln.

• •

Veganisieren

Für eine vegane Variante kann man statt des Ricottas hochwertigen Seidentofu verwenden oder nach Belieben zusätzliche Rauch-Mandeln hinzufügen.

Für Liebhaber von Buffalo-Wings ist dieser Salat genau das Richtige. Hier wird Blumenkohl verwendet, um den Salat etwas gesünder zu machen, verfeinert wird er mit knackigem Sellerie und kühlem Blauschimmelkäse. Dieser Salat sollte nicht lange stehen, also genießen Sie ihn direkt nach der Zubereitung.

Salat zum Teilen

Buffalo-Blumenkohl-Salat

Vorbereitungszeit: 10 Minuten
Kochzeit: 20 Minuten
Portionen: 6

• •

- 2 große Köpfe Blumenkohl (ca. 1,5 kg)
- 150 g Reismehl
- 1 EL Knoblauchpulver
- 400 ml kaltes Mineralwassser mit Kohlensäure
- 100 g Butter
- 200 ml Frank's Red Hot Buffalo Sauce
- 1 Zitrone
- 1 Staudensellerie, schräg in Scheiben geschnitten (Blätter zum Garnieren aufheben)
- 80 g Brunnenkresse
- 100 g Blauschimmelkäse, plus etwas mehr zum Servieren
- Salz und frisch gemahlener schwarzer Pfeffer

1. Den Ofen auf 220 °C vorheizen. Den Blumenkohl in große Röschen zerteilen und beiseitestellen.

2. Das Reismehl und das Knoblauchpulver in eine große Schüssel geben und mit dem Schneebesen das Mineralwasser einrühren. Mit Salz und Pfeffer würzen und den Blumenkohl unterheben, sodass er vollständig bedeckt ist.

3. Ein großes Backblech mit Backpapier auslegen und den Blumenkohl auf dem Blech verteilen. Die Röschen 20 Minuten im Ofen backen, bis sie goldbraun und knusprig sind, dabei nach der Hälfte der Zeit wenden.

4. Währenddessen die Buffalo-Sauce zubereiten. In einem kleinen Topf die Butter bei niedriger Hitze zerlassen. Die Red Hot Buffalo Sauce dazugeben und mit einem Holzlöffel rühren, bis alles gut vermischt ist. Vom Herd nehmen und beiseitestellen.

5. Den Zitronensaft in die Sauce pressen, abschmecken und bei Bedarf mit Salz und Pfeffer nachwürzen.

6. Sobald er gar ist, den Blumenkohl auf eine Servierplatte geben und den größten Teil der Buffalo-Sauce darüberträufeln, den Rest der Sauce zum Servieren beiseitestellen.

7. Den Sellerie und die Brunnenkresse über dem Blumenkohl verteilen, dann den Blauschimmelkäse über den Salat bröseln und die Sellerieblätter darüberstreuen.

8. Sofort mit der übrigen Sauce und weiterem Blauschimmelkäse servieren, damit alle Gäste sich selbst bedienen können.

Dieser Salat ist nicht nur eine Augenweide, sondern auch voller Geschmack und Textur. Wenn Sie keinen Fisch mögen, können Sie ihn auch mit gebratenem Hähnchen oder gebackenem Feta zubereiten.

Radieschen-Lachs-Salat

mit Broccolini & Zitrus-Dressing

Vorbereitungszeit: 5 Minuten **Kochzeit:** 12 Minuten **Portionen:** 2

• •

140 g Lachsfilet

1 Zitrone, in Scheiben geschnitten

200 g Broccolini, halbiert

2 Knoblauchzehen, in feine Scheiben geschnitten

1 TL Olivenöl

3 Wassermelonen-Rettiche

1 Jalapeño

2 EL Zitrus-Dressing (Seite 190)

Salz und frisch gemahlener schwarzer Pfeffer

2 EL geröstete Umami-Kerne (Seite 196), zum Garnieren

• •

Den Ofen auf 220 °C vorheizen.

Den Lachs mit der Hautseite nach unten auf eine Seite eines Backblechs legen. Mit Salz und Pfeffer würzen und mit der in Scheiben geschnittenen Zitrone belegen. Den Broccolini mit dem Knoblauch auf die andere Seite des Backblechs legen. Mit Olivenöl beträufeln, würzen und alles 12 Minuten im Ofen braten, dabei die Broccolini nach der Hälfte der Zeit wenden.

Die Wassermelonen-Rettiche und den Jalapeño mit einer Mandoline oder einem scharfen Messer in feine Scheiben schneiden und in eine große Schüssel geben. Das Dressing zufügen und alles gründlich vermischen.

Wenn der Lachs gar ist, den Broccolini zum Salat geben, alles vermischen und auf zwei Teller verteilen. Den Lachs in Stücke zupfen und darübergeben und jede Portion mit gerösteten Kernen bestreuen. Sofort servieren.

• •

Veganisieren

Eine gute Alternative für Veganer ist mit Panko panierter, gebratener Tofu. Für das Dressing kann statt Honig auch Ahornsirup verwendet werden.

• •

Dieser Salat wird mit cremiger Burrata verfeinert, die perfekt zu den Karotten passt. Bewahren Sie die Pickle-Flüssigkeit auf und legen Sie noch andere Gemüsesorten darin ein.

Karotten-Pickle-Salat

mit Kräutern, Kichererbsen & Za'atar-Dressing

Vorbereitungszeit: 5 Minuten **Kochzeit:** 15 Minuten **Portionen:** 2

• •

2 Bund Baby-Karotten, halbiert
300 ml Weißweinessig
150g Feinzucker
30 g Salz
2 rote Chilischoten, in Scheiben geschnitten
1 Handvoll Minze, glatte Petersilie und Dill
1 Burrata
200 g Kichererbsen aus der Dose, abgespült und abgetropft
2 EL Za'atar-Dressing (Seite 189)

• •

Die Karotten in einen breiten Topf geben, dann den Essig, den Zucker, das Salz, die in Scheiben geschnittenen Chilischoten und 150 ml Wasser hinzufügen. Alles bei mittlerer Hitze zum Kochen bringen. Sobald die Flüssigkeit kocht, die Hitze reduzieren und alles 10 Minuten köcheln lassen. Vom Herd nehmen und die Karotten abtropfen lassen.

Die Karotten auf einer Platte anrichten und die Kräuter, die Burrata und die Kichererbsen darüber verteilen. Mit dem Dressing beträufeln und servieren.

• •

Vorbereiten
Man kann die Karotten auch im Voraus einlegen – dann einfach komplett abkühlen lassen und im Kühlschrank aufbewahren, bis man den Salat zusammenstellt.

• •

Dieser Salat ist von einem Gericht mit pochiertem Huhn aus Shanghai inspiriert. Wenn Sie keine Zeit haben, das asiatische Öl selbst herzustellen, können Sie auch ein gutes gekauftes Öl verwenden.

Salat mit pochiertem Hühnchen

mit Frühlingszwiebeln & Reis

Vorbereitungszeit: 5 Minuten **Kochzeit:** 15 Minuten **Portionen:** 2

• •

2 Hühnerbrüste, ohne Haut und Knochen

1 Stängel Zitronengras, zerdrückt

1 Stück Ingwer (5 cm)

½ Bund Frühlingszwiebeln, fein gehackt

1 Knoblauchzehe, gehackt

½ Bund Koriander, gehackt

1 EL dunkle Sojasauce

Saft von 1 Limette

4 EL Erdnussöl

1 Salatgurke

1 Handvoll Thai-Basilikumblätter

250 g gekochter Jasminreis

2 EL scharfes asiatisches Knusper-Öl (Seite 203)

• •

Einen mittelgroßen Topf mit Wasser füllen, die Hühnerbrüste und das zerkleinerte Zitronengras hineingeben und alles bei mittlerer Hitze zum Kochen bringen. Sobald das Wasser kocht, die Hitze reduzieren, einen Deckel auflegen und das Fleisch etwa 10 Minuten pochieren, bis es weiß ist und klarer Saft austritt, wenn man mit einem Messer in die dickste Stelle sticht.

In der Zwischenzeit den Ingwer in eine hitzebeständige Schüssel reiben und Frühlingszwiebeln, Knoblauch, Koriander, Sojasauce und Limettensaft hinzufügen. In einem kleinen Topf das Öl einige Minuten auf großer Stufe erhitzen, dann über die Ingwermischung gießen und ziehen lassen.

Die Gurke halbieren, auf ein Schneidebrett legen, mit dem Messerrücken zerdrücken und dann schräg in Stücke schneiden. Die Gurke zusammen mit dem Basilikum in die Schüssel mit der Ingwer-Mischung geben und alles vermengen.

Den Reis erhitzen, dann auf zwei Schalen verteilen. Den Gurkensalat darübergeben. Das Fleisch aus der Pfanne nehmen, in Scheiben schneiden und auf dem Reis anrichten. Mit dem knusprigen Öl beträufeln und sofort servieren.

• •

Veganisieren

Für eine vegane Variante kann man statt des Fleischs Tempeh oder Seidentofu verwenden. Einfach mit Sojasauce beträufeln und Zitronengrasscheiben darüberstreuen.

• •

Dieser warme, knusprige und cremige Salat ist im Herbst ein Genuss. Verwenden Sie beim Blauschimmelkäse Ihre Lieblingssorte.

Lauch-Blauschimmelkäse-Salat

mit Apfel, Staudensellerie & Haselnüssen

Vorbereitungszeit: 10 Minuten **Kochzeit:** 8 Minuten **Portionen:** 2

• •

8 Stangen junger Lauch, geputzt
1 roter Apfel, in Stifte geschnitten
2 Stangen Staudensellerie, schräg in Scheiben geschnitten
1 große Handvoll gemischte Blattsalate
50 g geröstete Haselnüsse
60 g gehackter Blauschimmelkäse
4 EL Dijon-Dressing (Seite 187)
Salz

• •

Wasser in einem mittelgroßen Topf zum Kochen bringen und salzen. Den Lauch hineingeben, die Hitze reduzieren und 6 Minuten köcheln lassen. Den Lauch mit einem Schaumlöffel oder einer Zange herausnehmen und abtropfen lassen.

Eine große Grillpfanne auf großer Stufe erhitzen, dann den Lauch darin auf jeder Seite 2 Minuten anbraten.

Den Lauch aus der Pfanne nehmen, in Scheiben schneiden und zusammen mit den übrigen Zutaten in eine Salatschüssel geben. Alles miteinander vermischen und servieren.

• •

Veganisieren

Für eine vegane Version den Käse weglassen und, während der Lauch köchelt, etwas Räuchertofu kräftig anbraten. Statt des Honigs im Dijon-Dressing kann man auch Ahornsirup verwenden.

Winter

Saisonales Gemüse im Winter

BLATTGEMÜSE

Mangold

Mangold schmeckt milder als Grünkohl. Ähnlich wie Spinat kann man seine jungen Blätter roh essen, die ausgewachsenen Stängel lässt man durch kurzes Erhitzen zusammenfallen.

Brunnenkresse

Der leicht bittere, pfeffrige Geschmack der Brunnenkresse passt gut zu vielen Gemüsesorten, die wir mit dem Winter in Verbindung bringen, wie Karotten, Rüben, Äpfel und Birnen.

Grünkohl

Im Winter sind die Blätter des Grünkohls dicker, krauser und größer und eignen sich gut für herzhafte Salate. Wenn man ihn fein zerkleinert und dann mit etwas Öl ein paar Minuten lang mit den Händen massiert, wird er schön zart.

Toskanischer Grünkohl

Toskanischer Grünkohl, auch Cavolo Nero genannt, eignet sich hervorragend für Wintersalate. Er schmeckt süßer und milder als andere Grünkohlsorten und passt daher gut zu Rüben, Lauch und Karotten.

Kohl

Ob Rotkohl oder Wirsing – Kohl wird in Wintersalaten gerne verwendet, entweder roh oder kurz gegart, wie beim Salat mit geröstetem Weißkohl auf Seite 181.

WURZELGEMÜSE

Bete

Beten schmecken am besten vom Frühling bis zum frühen Winter. Sie haben einen süßen, erdigen Geschmack, der gut zu Ziegenkäse, Blauschimmelkäse, Labneh und anderem Wurzelgemüse passt.

Baby-Winterkartoffeln

Kleine Winterkartoffeln haben einen zarten, süßen Geschmack und sind weicher als normale Kartoffeln, weshalb sie in der kalten Jahreszeit gerne in wärmenden Salaten verwendet werden.

Karotten

Im Winter entwickeln Karotten einen sehr süßen Geschmack, der gut mit Gemüse wie Bete, Rosenkohl, Kartoffeln und Lauch harmoniert.

Rüben

Rüben haben einen würzigen, scharfen Geschmack und passen gut zu anderen winterlichen Lebensmitteln, wie Karotten, Kartoffeln, Süßkartoffeln und Äpfeln.

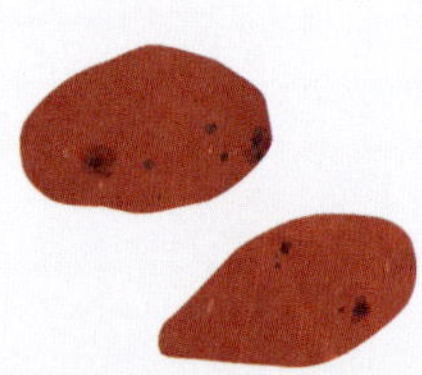

Süßkartoffeln

Süßkartoffeln sind eines der vielseitigsten Gemüse im Spätherbst und Winter und harmonieren gut mit Karotten, Ingwer, Zitrusfrüchten, Spinat und Pilzen.

WURZELGEMÜSE

Knollensellerie

Dieses Wurzelgemüse wird im Winter geerntet. Knollensellerie hat einen sehr charakteristischen Geschmack – nussig und süß, mit einem starken Selleriearoma – und passt gut zu anderem Wurzelgemüse.

Topinambur

Topinambur sind knubbelige Knollen mit einem süßen, nussigen und erdigen Aroma. Sie passen gut zu anderen winterlichen Produkten, wie Zitrusfrüchten, Spinat und Nüssen.

KÜCHENGARTEN

Lila Brokkoli

Lila Brokkoli, auch Sprossen-Brokkoli genannt, kann gut mit kräftigen Aromen kombiniert werden und passt zu Erbsen, Lauch, Kohl und Käse.

Rosenkohl

Rosenkohl wird normalerweise mit dem Winter in Verbindung gebracht, aber er ist bis in den März hinein erhältlich. Sein nussiger Geschmack harmoniert gut mit Limette.

Staudensellerie

Staudensellerie hat ein recht intensives Aroma und eignet sich gut für wärmende Wintersalate mit Walnüssen, Grünkohl, Käse, Lauch und Äpfeln. Probieren Sie den Manchego-Sellerie-Salat auf Seite 173.

OBST

Birnen

Reife Birnen sind sehr süß und saftig und lassen sich daher gut mit anderen winterlichen Zutaten wie Äpfeln, Kohl, Sellerie, Kürbis, Käse und Walnüssen kombinieren.

Äpfel

Es gibt so viele Apfelsorten, von süß und knackig bis säuerlich, und sie passen gut zu anderen saisonalen Produkten wie Birnen, Kürbis, Grünkohl sowie wärmenden Gewürzen.

Zitrusfrüchte

Alle Arten von Zitrusfrüchten, einschließlich Zitronen und Orangen, schmecken im Winter und bis in den März am besten. Sie sind sehr vielseitig und können jedes Gericht aufpeppen.

Granatapfel

Der süß-säuerliche Geschmack der Granatapfelkerne hat es in sich und passt gut zu anderem Winterobst und -gemüse wie Grünkohl, Kohl, Kräutern und Zitrusfrüchten.

Datteln

Reife Medjool-Datteln haben einen intensiven, karamellig-süßen Geschmack, und eignen sich neben Orangen, Clementinen, Äpfeln und Walnüssen hervorragend für Wintersalate.

Wenn Sie noch nie Farro gegessen haben, ist dies eine köstliche Möglichkeit, ihn auszuprobieren. Der nussige Farro und die würzigen eingelegten Chilis passen hier sehr gut zusammen.

Farro-Salat

mit toskanischem Grünkohl & eingelegten Zwiebeln

Vorbereitungszeit: 5 Minuten **Kochzeit:** 20 Minuten **Portionen:** 2

• •

200 g Farro

2 EL Olivenöl, plus etwas mehr zum Beträufeln

½ toskanischer Grünkohl, in Streifen geschnitten

4 Knoblauchzehen, in Scheiben geschnitten

Abrieb und Saft von 1 Zitrone

2 EL mexikanisch inspirierte eingelegte Chilis, gehackt (Seite 194)

50 g Pekannüsse, geröstet und gehackt

2 EL eingelegte Zwiebeln (Seite 195)

1 Handvoll Petersilie, gehackt

20 g Manchego

Salz und frisch gemahlener schwarzer Pfeffer

• •

Salzwasser in einem mittelgroßen Topf zum Kochen bringen. Den Farro hineingeben und 15–20 Minuten kochen, bis die Körner weich, aber noch nicht zerkocht sind.

In der Zwischenzeit eine große Pfanne auf höchster Stufe erhitzen. Olivenöl, Grünkohl und Knoblauch hineingeben und 3 Minuten braten, bis der Grünkohl leuchtend grün und weich ist. Dabei darauf achten, dass der Knoblauch gleichmäßig gebraten wird. Die Zitronenschale und den Saft dazugeben und 1 weitere Minute braten. Mit Salz und Pfeffer würzen und die gehackten eingelegten Chilis dazugeben. Die Pfanne vom Herd nehmen.

Sobald der Farro gar ist, abtropfen lassen und in die Pfanne geben. Die Pekannüsse, die eingelegten Zwiebeln und die gehackte Petersilie untermischen und alles auf zwei Teller verteilen.

Zum Schluss noch etwas Olivenöl darüberträufeln und den Manchego darüberreiben.

• •

Aufbewahren

Wenn von diesem Salat etwas übrig bleibt, kann man ihn abgekühlt im Kühlschrank aufbewahren und am nächsten Tag zum Mittagessen servieren.

• •

Dieser Obstsalat ist sehr vielseitig. Hier werden Blutorangen verwendet, aber wenn sie nicht verfügbar sind, können Sie auch jede andere saisonale Frucht nehmen.

Zitrus-Salat mit gerösteten Haferflocken

und Joghurt-Vanille-Dressing

Vorbereitungszeit: 5 Minuten **Kochzeit:** 6 Minuten **Portionen:** 2

100 g grobe Haferflocken
50 g gehackte Pekannüsse
50 g Kürbiskerne
1 EL Butter
2 EL Honig
2 Blutorangen, geschält und in Scheiben geschnitten (die Schale von 1 Orange beiseitelegen)
150 g dicker griechischer Joghurt
1 TL Vanillepaste
1 Handvoll Minzblätter

Eine mittelgroße Pfanne auf mittlerer Stufe erhitzen. Haferflocken, Pekannüsse, Kürbiskerne und Butter hineingeben und unter ständigem Rühren 5 Minuten rösten, bis alles goldbraun und knusprig ist. Den Honig hinzufügen und 1 weitere Minute braten, bis alles gut vermischt ist. Die Orangenschale untermischen.

Den Joghurt mit der Vanillepaste verrühren, dann auf zwei Schalen verteilen und mit den Orangenscheiben belegen. Zum Schluss die geröstete Hafermischung und etwas Minze darüberstreuen. Sofort servieren.

Aufbewahren

Man kann gleich die doppelte Menge der Hafermischung zubereiten und sie in einem sauberen Marmeladenglas aufbewahren, um sie über jedes beliebige Winterobst zu streuen.

Dieses grüne Nudelgericht ist perfekt, wenn Sie Lust auf einen schnellen, sättigenden Salat haben. Sie können jegliches Blattgemüse verwenden, das Sie gerade da haben, und je nach Saison variieren.

Winterlicher Soba-Nudelsalat

mit Miso-Limetten-Dressing

Vorbereitungszeit: 10 Minuten **Kochzeit:** 10 Minuten **Portionen:** 2

• •

200 g Soba-Nudeln

1 EL Erdnussöl

3 Knoblauchzehen, in dünne Scheiben geschnitten

1 Stück Ingwer (5 cm), geschält und in feine Streifen geschnitten

1 rote Chilischote, in Scheiben geschnitten

2 Handvoll toskanischer Grünkohl, in dünne Streifen geschnitten

5 Stängel lila Brokkoli, fein geraspelt

50 g Erdnüsse

1 Glas Miso-Limetten-Dressing (Seite 188)

1 große Handvoll Thai-Basilikum, zum Garnieren

• •

Wasser in einem mittelgroßen Topf zum Kochen bringen, die Nudeln hineingeben und etwa 5 Minuten kochen, bis sie bissfest sind. Die Nudeln abgießen, mit kaltem Wasser abschrecken, dann beiseitestellen.

Während die Nudeln kochen, das Öl in einer großen Pfanne erhitzen. Den Knoblauch, den Ingwer und die Chilischote hineingeben und unter häufigem Rühren 1 Minute braten. Den Grünkohl und den Brokkoli hinzufügen und 4 Minuten braten, dabei immer wieder umrühren, damit alles gleichmäßig gart.

Nudeln, Erdnüsse und Dressing in die Pfanne geben, alles vermischen, dann vom Herd nehmen und auf zwei Teller verteilen. Mit Thai-Basilikum garnieren und servieren.

• •

Vorbereiten

Die gekochten und abgeschreckten Nudeln können in einem separaten, luftdichten Behälter aufbewahrt und vor dem Servieren mit den anderen Zutaten vermischt werden.

• •

Dieser Salat ist vollgepackt mit köstlich Aromen der würzigen Kerne und des knackigen Gemüses. Er kann warm oder kalt gegessen werden.

Kimchi-Nudelsalat

mit Umami-Kernen

Vorbereitungszeit: 10 Minuten **Kochzeit:** 4 Minuten **Portionen:** 2

- 200 g Soba-Nudeln
- 1 Stück Ingwer (5 cm), geschält und gerieben
- 2 Knoblauchzehen, gerieben
- 1 EL geröstetes Sesamöl
- 1 EL Gochujang (Chilipaste)
- Saft von 1 Limette
- 300 g Kimchi, gehackt
- 1 Karotte, in Julienne geschnitten
- 3 Frühlingszwiebeln, schräg in Scheiben geschnitten
- 1 Handvoll Rosenkohl, in dünne Scheiben geschnitten
- 3 EL geröstete Umami-Kerne (Seite 196)
- 1 Handvoll Koriander

Wasser in einem mittelgroßen Topf zum Kochen bringen, die Nudeln hineingeben und etwa 4 Minuten kochen, bis sie bissfest sind.

In der Zwischenzeit den Ingwer, den Knoblauch, das Sesamöl, die Chilipaste und den Limettensaft in einer großen Schüssel glattrühren. Die Nudeln abtropfen lassen, in die Schüssel geben und alles vermischen, bis die Nudeln ganz mit Dressing bedeckt sind.

Alle übrigen Zutaten zu den Nudeln geben und untermischen. Den Salat auf zwei Schalen verteilen und servieren.

Vorbereiten

Man kann diesen Salat auch im Voraus zubereiten und für den nächsten Tag im Kühlschrank aufbewahren.

Dieser schmackhafte Salat ist ganz schnell zubereitet und reich an Proteinen. Am besten schmeckt er natürlich, wenn man Thunfisch in Olivenöl von bester Qualität verwendet.

Zitroniger Grünkohl-Thunfisch-Salat

mit Ei & Pecorino

Vorbereitungszeit: 5 Minuten **Kochzeit:** 7 Minuten **Portionen:** 2

½ Zitrone, gewürfelt
200 g roher Grünkohl, klein geschnitten
3 Eier
1 kleine Handvoll gehobelter Pecorino
100 g Rauch-Mandeln, gehackt
220 g Thunfisch aus der Dose, abgetropft
3 EL Dijon-Dressing (Seite 187)
Salz

Die Zitrone und den Grünkohl in eine große Schüssel geben und mit Salz würzen. Mit sauberen Händen alles kräftig massieren und dann beiseitestellen.

Eine Schüssel mit Eiswasser bereitstellen und Wasser in einem mittelgroßen Topf zum Kochen bringen. Sobald das Wasser kocht, die Eier vorsichtig hineingeben und 6 ½ Minuten köcheln lassen. Die Eier abgießen und in die Schüssel mit Eiswasser legen. Sobald sie kalt genug sind, um sie anzufassen, schälen und in zwei Hälften schneiden.

Alle Zutaten, außer den Eiern, in einer großen Schüssel vermischen. Mit den Eiern garnieren und servieren.

Vorbereiten
Den Grünkohl und die Eier kann man vorbereiten, letztere sollte man jedoch erst kurz vor dem Servieren schälen.

Warmes Brathähnchen macht sich in diesem Salat richtig gut. Wenn Sie noch nie bitteren Salate gegessen haben, probieren Sie sie im Winter, denn zu dieser Zeit schmecken sie am besten.

Brathähnchen-Salat

mit Chicorée & würzigen Linsen

Vorbereitungszeit: 5 Minuten **Kochzeit:** 20 Minuten **Portionen:** 2

• •

250 g gekochte Puy-Linsen (nach Belieben gekaufte aus der Dose)

1 rote Zwiebel, geachtelt

½ Bund Thymian

1 rote Chilischote, gehackt

5 Knoblauchzehen, zerdrückt

1 Zitrone, in Würfel geschnitten

2 EL Olivenöl

4 entbeinte Hähnchenschenkel mit Haut

2 Chicorées, Blätter abgetrennt

2 EL Dijon-Dressing (Seite 187)

Salz und frisch gemahlener schwarzer Pfeffer

• •

Den Ofen auf 200 °C vorheizen .

Linsen, Zwiebel, Thymian, Chilischote, Knoblauch, Zitrone und das Olivenöl in eine kleine Auflaufform (ca. 20 x 30 cm) geben und alles vermischen.

Die Hähnchenschenkel darauflegen und kräftig mit Salz und Pfeffer würzen. Etwa 20 Minuten im Ofen braten, bis klarer Saft austritt, wenn man einen Spieß in die dickste Stelle des Fleisches sticht.

Wenn das Huhn gar ist, aus der Form nehmen und in Scheiben schneiden. Die Chicoréeblätter unter die Linsen mischen und alles auf zwei Schalen verteilen. Die Hähnchenscheiben darübergeben und jede Portion mit Dressing beträufeln.

• •

Veganisieren

Vegetarier oder Veganer können dieses Gericht auch mit gerösteter Selleriewurzel zubereiten, die wie das Huhn zubereitet wird. Den Honig im Dressing kann man durch Ahornsirup ersetzen.

• •

Dieser Salat ist eine Liebeserklärung an sämtliches Wintergemüse – vollgepackt mit Geschmack und so lecker. Für einen wahren Festschmaus reichen Sie ein paar geröstete Fladenbrote dazu.

Salat zum Teilen

Salat mit gebratenem Wurzelgemüse auf Fetacreme

Vorbereitungszeit: 20 Minuten
Kochzeit: 45 Minuten
Portionen: 6

1 Sellerieknolle (1 kg), geschält und in 4 cm große Stücke geschnitten

8 Topinambur, halbiert

1 Hokkaidokürbis, in dünne Spalten geschnitten

3 rote Zwiebeln, geviertelt

1 Knoblauchzehe, halbiert

1 Zitrone, in Scheiben geschnitten

Saft von 2 Zitronen

3 EL Olivenöl

1 Glas (170 g) Harissa-Paste

2 Scheiben Feta (à 200 g)

200 g griechischer Joghurt

Blätter von 1 Bund glatter Petersilie

2 EL Za'atar

1 toskanischer Grünkohl

1 EL Kreuzkümmelsamen

1 EL Sumach

1 Handvoll Minze, glatte Petersilie und Dill

100 g gehackte Mandeln

3 EL Granatapfelmelasse

Salz

1. Den Ofen auf 200 °C vorheizen. Sellerie, Topinambur, Kürbis, Zwiebel, Knoblauch und geschnittene Zitrone in eine große Auflaufform geben.

2. Zitronensaft, Olivenöl und Harissa zufügen und alles gründlich vermischen. Das Gemüse salzen und 30 Minuten im Ofen rösten.

3. In der Zwischenzeit den Feta, den Joghurt und die Petersilie in einen Mixer geben und zu einer glatten Masse verarbeiten. Das Za'atar unter die Fetamischung rühren, dann die Fetacreme in eine Schüssel füllen und beiseitestellen.

4. Das geröstete Gemüse aus dem Ofen nehmen und den Grünkohl, Kreuzkümmel und Sumach darüberstreuen. Weitere 15 Minuten rösten, bis alles gar ist.

5. Die Fetacreme auf einer großen Platte verteilen, sodass ein Bett für das Gemüse entsteht.

6. Das geröstete Gemüse darübergeben.

7. Die Kräuter und die gehackten Mandeln über das Gemüse streuen, dann die Granatapfelmelasse darüberträufeln.

8. Sofort servieren und die Gäste sich selbst bedienen lassen.

Dieses Rezept enthält wirklich viel Knoblauch, aber er passt so gut zu dem öligen, zitronigen Grünkohl. An bitterkalten Wintertagen esse ich diesen Salat gerne heiß.

Knoblauch-Pasta-Salat

mit Chili & toskanischem Grünkohl

Vorbereitungszeit: 5 Minuten **Kochzeit:** 15 Minuten **Portionen:** 2

200 g Orecchiette

100 ml Olivenöl

5 Knoblauchzehen, in Scheiben geschnitten

1 TL Fenchelsamen

1 rote Chilischote, in Scheiben geschnitten

1 toskanischer Grünkohl, in feine Streifen geschnitten

Abrieb und Saft von ½ Zitrone

Salz und frisch gemahlener schwarzer Pfeffer

50 g geriebener Parmesan, zum Servieren

Die Orecchiette in einem großen Topf mit Salzwasser 8–10 Minuten oder nach Packungsanweisung kochen. Abgießen und 250–300 ml des Kochwassers auffangen.

In einer großen Pfanne das Olivenöl auf mittlerer Stufe erhitzen, den Knoblauch, die Fenchelsamen und die Chilischote hineingeben und 2 Minuten anbraten. Den Grünkohl hinzufügen und 3 Minuten braten, bis er leicht zusammenfällt und kräftig grün ist. Die Nudeln untermischen.

Zitronenschale und -saft dazugeben, dann einen Schuss Nudelwasser hinzufügen und alles mit Salz und Pfeffer abschmecken. Auf zwei Teller verteilen und servieren. Geriebenen Parmesan dazu reichen.

Vorbereiten

Diesen Salat kann man auch im Voraus zubereiten und kalt essen.

Ein solcher Salat aus pochierten Früchten ist eine tolle Möglichkeit, saisonales Obst zu verwenden. Sie können ihn mit Eiscreme, zu Haferbrei oder auch pur genießen.

Winterlicher Obstsalat

mit Kamille & Mascarpone

Vorbereitungszeit: 5 Minuten **Kochzeit:** 25 Minuten **Portionen:** 2

• •

2 EL Honig
250 ml Weißwein
1 EL Vanillepaste
Saft von 1 Zitrone
2 Äpfel, geschält und geviertelt
4 Medjool-Datteln, entsteint und gewürfelt
2 Clementinen, geschält und zerteilt
2 Beutel Kamillentee
Mascarpone oder Eiscreme zum Servieren (nach Belieben)

• •

Den Honig, den Weißwein, die Vanillepaste und den Zitronensaft in einem mittelgroßen Topf zum Kochen bringen. Dann die Hitze reduzieren, die Äpfel und Datteln hinzufügen und alles 10–15 Minuten köcheln lassen, bis die Äpfel außen weich und innen noch etwas bissfest sind.

Die Clementinen und die Kamillenteebeutel hineingeben und den Topf vom Herd nehmen. Die Früchte 10 Minuten lang ziehen lassen.

Dann das Obst auf zwei Schalen verteilen und mit der restlichen Flüssigkeit beträufeln. Nach Belieben mit Mascarpone oder Eiscreme garnieren.

• •

Vorbereiten
Die Clementinen und den Kamillentee zu den aufgekochten Äpfeln geben, dann alles in eine Schüssel umfüllen, abdecken und über Nacht im Kühlschrank ziehen lassen.

• •

Bei dieser Variante des hawaiianischen Klassikers wird der Thunfisch mit frischem Ingwer und Kimchi gemischt, um ihm etwas Schärfe zu verleihen. Anstelle von braunem Reis können Sie auch Sushi-Reis verwenden.

Winterliche Poke Bowl

mit Süßkartoffel & Knoblauch-Grünkohl

Vorbereitungszeit: 10 Minuten **Kochzeit:** 20 Minuten **Portionen:** 2

- 1 Süßkartoffel
- 4 EL Miso-Limetten-Dressing (Seite 188)
- 200 g Thunfisch in Sushi-Qualität
- 1 Stück Ingwer (3 cm), geschält und gerieben
- 100 g Kimchi, gehackt
- 1 EL Olivenöl
- 2 Knoblauchzehen, in Scheiben geschnitten
- 1 rote Chilischote, in Scheiben geschnitten
- 2 Handvoll toskanischer Grünkohl, in Streifen geschnitten
- 250 g gekochter brauner Reis (kann gekocht in Beuteln gekauft werden)
- 2 Frühlingszwiebeln, schräg in Scheiben geschnitten
- 1 Handvoll gemischte Kräuter
- Salz

Den Ofen auf 180 °C vorheizen. Die Süßkartoffel in mundgerechte Stücke schneiden und auf einem großen Backblech ausbreiten. 2 EL des Dressings darüberträufeln und alles vermischen. Im Ofen 20 Minuten rösten, bis die Süßkartoffel weich ist.

In der Zwischenzeit den Thunfisch in 2 cm große Stücke schneiden und in einer großen Schüssel mit dem geriebenen Ingwer und dem Kimchi vermischen. Leicht salzen und in den Kühlschrank stellen.

Eine große Pfanne auf mittlerer Stufe erhitzen, das Olivenöl hineingeben, den Knoblauch und die Chilischote hinzufügen und alles 4–5 Minuten anbraten. Den Grünkohl dazugeben und 3 Minuten braten, bis er weich ist. Die Pfanne vom Herd nehmen.

Den Reis aufwärmen, bis er dampfend heiß ist, und auf zwei Schalen verteilen. Jeweils die Hälfte des Grünkohls, der gebackenen Süßkartoffel und des Thunfischs darübergeben. Mit Frühlingszwiebeln und Kräutern bestreuen, mit dem übrigen Dressing beträufeln und sofort servieren.

Veganisieren

Für eine vegane Variante den Thunfisch durch Tofu ersetzen. Den Tofu mit dem Ingwer in der Pfanne knusprig braten und dann mit dem Kimchi vermischen.

Dieser süß-salzige Rohkostsalat steckt voller Aromen. Der Grünkohl versorgt den Körper mit reichlich Nährstoffen, die er in den dunklen Monaten braucht.

Manchego-Sellerie-Salat

mit gerösteten Mandeln & Kräuter-Dressing

Vorbereitungszeit: 5 Minuten **Kochzeit:** 0 Minuten **Portionen:** 2

• •

3 Handvoll Grünkohl, zerkleinert

2 EL würziges Kräuter-Dressing (Seite 186)

1 Apfel, in dünne Stifte geschnitten

4 Stangen Staudensellerie, schräg in Scheiben geschnitten

60 g Rauch-Mandeln, gehackt

4 Medjool-Datteln, entkernt und gehackt

50 g Manchego, gehobelt

• •

Den Grünkohl in eine große Schüssel geben, mit dem Dressing übergießen und mit sauberen Händen kräftig massieren.

Die übrigen Zutaten untermischen und den Salat mit dem Käse bestreuen. Sofort servieren.

• •

Veganisieren

Für eine vegane Variante den Käse weglassen und den Salat mit gerösteten Kürbiskernen bestreuen.

• •

Für diesen Salat muss man ein wenig schnippeln, aber dann ist er schnell zubereitet. Wenn Sie gerade ein Glas Röstzwiebeln (Seite 197) da haben, ist das ein tolles Extra.

Thailändisch inspirierter Rohkostsalat

mit Thai Chilli-Ingwer-Dressing

Vorbereitungszeit: 10 Minuten **Kochzeit:** 0 Minuten **Portionen:** 2

- 2 Rüben, geschält und in Julienne geschnitten
- 1 Karotte, in Julienne geschnitten
- ½ Weißkohl, in feine Streifen geschnitten
- 150 g gegarte Garnelen
- 1 große Handvoll Thai-Basilikum
- 1 große Handvoll Koriander
- 1 Handvoll geröstete Umami-Kerne (Seite 196)
- 4 EL Thai Chilli-Ingwer-Dressing (Seite 189)
- Röstzwiebeln (Seite 197), zum Bestreuen (nach Belieben)

Die Rüben, Karotte, den Kohl, die Garnelen, die Kräuter und die gerösteten Umami-Kerne in eine große Schüssel geben. Das Dressing hinzufügen, alles gut vermischen und auf zwei Teller verteilen. Nach Belieben mit den Röstzwiebeln garnieren und servieren.

Veganisieren

Für eine vegane Option einfach die Garnelen durch in der Pfanne gebratenen Tofu ersetzen.

Salat im Glas

Dieser Salat ist super einfach zuzubereiten – einfach alles zusammenwerfen und servieren. Er eignet sich gut für ein Mittagessen unterwegs oder ein Abendessen nach dem Sport.

Roher Regenbogen-Salat

mit Pekannüssen, Birne & Ziegenkäse

Vorbereitungszeit: 10 Minuten **Kochzeit:** 0 Minuten **Portionen:** 2

• •

- 2 Handvoll Grünkohl, in feine Streifen geschnitten
- 4 EL Zitrus-Dressing (Seite 190)
- 250 g gekochte Puy-Linsen (nach Belieben gekaufte aus der Dose)
- 1 gelbe oder orangefarbene Rübe, in dünne Scheiben geschnitten
- 1 Birne, in Scheiben geschnitten
- 3 Stangen Staudensellerie, schräg in Scheiben geschnitten
- 50 g Pekannüsse, geröstet und gehackt
- 100 g weicher Ziegenkäse oder Feta
- 4 EL geröstete Umami-Kerne (Seite 196)
- Salz und frisch gemahlener schwarzer Pfeffer

• •

Den Grünkohl in eine große Schüssel geben, 1 EL des Dressings zufügen und mit sauberen Händen 2 Minuten kräftig massieren. Mit Salz und Pfeffer würzen.

Die Linsen auf zwei Einmachgläser (500 ml) verteilen und eine Schicht Grünkohl darübergeben. Die Bete, die Birne, den Sellerie, die Pekannüsse, den Ziegenkäse und die gerösteten Kerne darüberschichten und das übrige Dressing gleichmäßig auf die Gläser verteilen.

• •

Vorbereiten

Das zweite Glas im Kühlschrank aufbewahren und am nächsten Tag essen.

Bei diesem Gericht kann man es sich ein bisschen leichter machen, indem man gekaufte Tikka Masala-Paste verwendet. Sie können jede gekaufte indische Currypaste nehmen, die Sie mögen.

Indisch gewürzter Kartoffelsalat

mit knusprigem Naan-Topping & Mango-Dressing

Vorbereitungszeit: 5 Minuten **Kochzeit:** 35 Minuten **Portionen:** 2

• •

250 g Baby-Kartoffeln, halbiert

2 EL Tikka Masala-Paste

1 EL Kreuzkümmelsamen

1 Naan-Brot, in mundgerechte Stücke gebrochen

2 EL Kokosnussöl

1 Karotte, in lange Streifen geschält

1 Handvoll Blattspinat

50 g Cashewkerne, geröstet

2 EL Mango-Chutney

Abrieb und Saft von 1 Limette

1 Bund Koriander, gehackt

1 rote Chilischote, in Scheiben geschnitten

• •

Den Ofen auf 180 °C vorheizen.

Die Kartoffeln in einen mittelgroßen Topf geben, mit Wasser auffüllen und alles zum Kochen bringen. Etwa 15 Minuten kochen, bis die Kartoffeln weich sind, dann abgießen und auf einem großen Backblech ausbreiten. Die Tikka Masala-Paste und den Kreuzkümmel dazugeben und alles vermischen. Das Kokosöl hinzufügen und alles 10 Minuten im Ofen rösten. Das Blech aus dem Ofen nehmen, die Naan-Stücke dazugeben und weitere 10 Minuten backen, bis das Naan knusprig ist.

Die Karotte, den Spinat und die Cashewkerne in eine große Salatschüssel geben.

In einer kleinen Schüssel Mango-Chutney, Limettensaft und 2 EL Wasser zu einem Dressing verrühren. Die Kartoffeln in die Salatschüssel geben, dann das Dressing darübergießen und alles gut vermischen. Mit der Limettenschale, dem Koriander und der Chilischote bestreuen.

• •

Vorbereiten

Falls man die Kartoffeln und das Naan vorbereitet, beides getrennt aufbewahren und erst vor dem Servieren mit Dressing anmachen.

• •

Wenn Sie noch nie Freekeh probiert haben, kann dieses Rezept ein guter Einstieg sein. Der in der Grillpfanne gebratene Kohl ist eine perfekte Wintermahlzeit.

Salat mit geröstetem Weißkohl

mit Freekeh & Tahini-Miso-Dressing

Vorbereitungszeit: 10 Minuten **Kochzeit:** 20 Minuten **Portionen:** 2

• •

100 g Freekeh

1 Zitrone, halbiert

1 Spitzkohl oder Grünkohl, geviertelt

3 EL Harissa-Paste

1 Handvoll Granatapfelkerne

1 Handvoll Minzblätter

1 Handvoll glatte Petersilie

1 Handvoll Dill

100 g geröstete Pistazien, grob gehackt

3 EL Tahini-Miso-Dressing (Seite 187)

Salz und frisch gemahlener schwarzer Pfeffer

• •

Den Freekeh unter fließendem kaltem Wasser abspülen, dann in einen mittelgroßen Topf geben und bei starker Hitze einige Minuten rösten. Den Topf mit kochendem Wasser auffüllen und alles zum Kochen bringen. Die Zitrone dazugeben, die Hitze reduzieren, und zugedeckt alles 20 Minuten lang köcheln lassen, bis der Freekeh weich ist. Dann den Freekeh abgießen und beiseitestellen, die Zitronenhälften entfernen.

Inzwischen eine Grillpfanne auf hoher Stufe erhitzen. Den Kohl rundherum mit der Harissa-Paste einreiben. Sobald die Pfanne heiß ist, den Kohl hineinlegen und auf jeder Seite einige Minuten anbraten.

Die Hälfte der gekochten Zitrone mitsamt der Schale in Stücke schneiden. (Nach dem Kochen wird die Zitronenschale viel weicher und weniger bitter.) In einer großen Schüssel mit den Granatapfelkernen, der Minze, der Petersilie, dem Dill und den Pistazien vermengen. Alles mit Salz und Pfeffer würzen.

Den Freekeh mit dem Großteil des Dressings in die Salatschüssel geben. Alles vermischen, dann auf zwei Teller verteilen und den gebratenen Kohl darauflegen. Das übrige Dressing darüberträufeln.

• •

Aufbewahren

Alles außer dem Dressing in einen luftdichten Behälter geben und im Kühlschrank aufbewahren. Das Dressing erst kurz vor dem Servieren dazugeben.

Dieses Gericht schmeckt sowohl warm als auch kalt. Wenn man den Salat mit gebratenen Garnelen serviert, wird ein besonderes Essen daraus.

Wintergrün-Pesto-Salat

mit Couscous

Vorbereitungszeit: 10 Minuten **Kochzeit:** 10 Minuten **Portionen:** 2

• •

200 g Couscous
6 EL Olivenöl
1 Brokkoli, in kleine Röschen geschnitten
2 Handvoll Mangold, fein gehackt
4 Knoblauchzehen, gehackt
1 Bund Basilikum
100 g geröstete Cashewkerne
2 EL Nährhefe
50 g geriebener Parmesan
Abrieb und Saft von 1 Zitrone
2 EL eingelegte Zwiebeln (Seite 195)
2 EL knuspriges Pangrattato (Seite 201)
Salz

• •

Salzwasser in einem großen Topf zum Kochen bringen. Sobald es kocht, den Couscous hinzufügen und 6–8 Minuten oder nach Packungsanweisung kochen. Abgießen und in einer großen Schüssel beiseitestellen.

In der Zwischenzeit 3 EL Olivenöl in einer großen Pfanne erhitzen, dann den Brokkoli hineingeben und 5 Minuten braten. Den Mangold und den Knoblauch hinzufügen und alles weitere 5 Minuten braten, bis der Mangold eine zartgrüne Farbe bekommt.

Basilikum, Cashewkerne, Nährhefe, Parmesan, Zitronenschale und -saft in einen Mixer geben. Das übrige Öl und 2 EL Wasser zufügen und alles zu einer glatten Masse pürieren.

Das Pesto und das Gemüse zum Couscous geben und alles vermischen. Auf zwei Teller verteilen und die eingelegten Zwiebeln und das Pangrattato darüberstreuen.

• •

Veganisieren

Für eine vegane Variante einfach den Parmesan weglassen. Nach Belieben kann man zusätzliche Cashewkerne verwenden.

Dressings, Eingemachtes, Toppings & Öle

Dressings

Parmesan-Dressing

Vorbereitungszeit: 5 Minuten **Ergibt:** 250 ml

1 Knoblauchzehe, geschält
6 Sardellen in Olivenöl (aus der Dose, hochwertig)
300 g griechischer Joghurt
Abrieb und Saft von 1 Zitrone
50 g geriebener Parmesan
2 EL Olivenöl
1 TL Dijon-Senf
Salz (nach Belieben)

Alle Zutaten im Mixer zu einer glatten Masse verarbeiten. Abschmecken und bei Bedarf leicht salzen. Im Kühlschrank einige Tage haltbar.

Würziges Kräuter-Dressing

Vorbereitungszeit: 5 Minuten **Ergibt:** 250 ml

1 Bund Koriander
10 eingelegte Jalapeños
1 Knoblauchzehe, geschält
Saft von 1 Limette
150 ml Olivenöl
½ TL gemahlener Kreuzkümmel
1 rote Chilischote, gewürfelt
1 TL Ahornsirup
Salz und frisch gemahlener schwarzer Pfeffer

Alle Zutaten im Mixer pürieren, bis ein leuchtend grünes Dressing entsteht. Abschmecken und noch einmal pürieren. Im Kühlschrank einige Tage haltbar.

Dijon-Dressing

Vorbereitungszeit: 5 Minuten **Ergibt:** 250 ml

1 Knoblauchzehe, gerieben
1 TL Honig
1 EL Dijon-Senf
1 TL Rotweinessig
6 EL Olivenöl
Salz

Alle Zutaten sowie ½ TL Salz in ein sauberes Marmeladenglas geben, den Deckel fest zuschrauben und kräftig schütteln, bis alles gut vermischt und homogen ist. Im Kühlschrank aufbewahren und vor Gebrauch schütteln. Das Dressing hält sich gekühlt eine Woche lang.

Tahini-Miso-Dressing

Vorbereitungszeit: 5 Minuten **Ergibt:** 250 ml

1 EL Miso-Paste
1 TL Ahornsirup
2 EL Tahini
Abrieb und Saft von 1 Limette
2 EL Erdnussöl

Alle Zutaten mit 2 EL Wasser in ein sauberes Marmeladenglas geben, den Deckel fest zuschrauben und kräftig schütteln, bis die Mischung dickflüssig und glänzend ist. Abschmecken und bei Bedarf etwas mehr Wasser hinzufügen. Im Kühlschrank eine Woche haltbar.

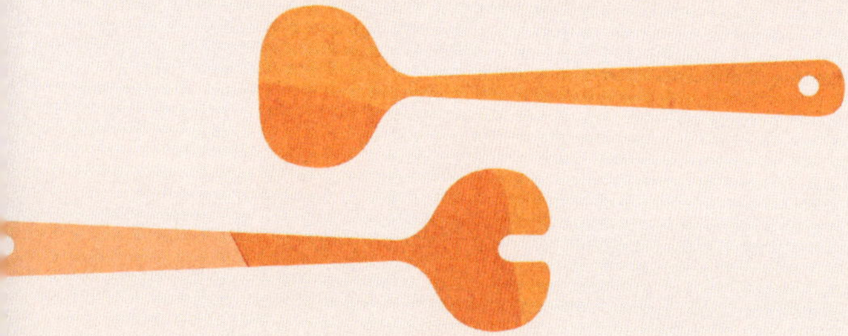

„Green Goddess"-Dressing

Vorbereitungszeit: 5 Minuten **Ergibt:** 250 ml

1 große Handvoll Petersilie samt Stielen
6 Jalapeños
1 große Handvoll Basilikum
1 große Handvoll Schnittlauch
60 g Cashewkerne
2 Knoblauchzehen
Abrieb und Saft von 1 Zitrone
1 EL Nährhefe
8 EL Olivenöl, Salz

Alle Zutaten sowie ½ TL Salz im Mixer pürieren, bis eine glatte Sauce entsteht. Im Kühlschrank ein bis zwei Tage haltbar.

Miso-Limetten-Dressing

Vorbereitungszeit: 5 Minuten **Ergibt:** 250 ml

1 Stück Ingwer (5 cm), geschält und gerieben
2 Knoblauchzehen, gerieben
2 Schalotten, gehackt
4 EL geröstetes Sesamöl
2 EL Reisweinessig
2 TL braune Miso-Paste
1 rote Chilischote, gewürfelt
Abrieb und Saft von 2 Limetten

Alle Zutaten in einer Schüssel verrühren, bis sich das Miso aufgelöst hat. Maximal eine Woche im Kühlschrank aufbewahren.

Thai Chilli-Ingwer-Dressing

Vorbereitungszeit: 5 Minuten **Ergibt:** 250 ml

2 Knoblauchzehen
6 rote Thai-Chilis
1 Stück Ingwer (5 cm), geschält und gerieben
Saft von 2 Limetten
1 TL weicher brauner Zucker
2 ½ EL Fischsauce
3 EL Erdnussöl

Den Knoblauch und die Chilischoten in einem Mörser zerstoßen, bis alles zerkleinert ist. Den Ingwer, den Limettensaft, den Zucker, die Fischsauce und das Öl dazugeben und alles vermischen, bis sich der gesamte Zucker aufgelöst hat. Im Kühlschrank drei Tage haltbar.

Za'atar-Dressing

Vorbereitungszeit: 5 Minuten **Ergibt:** 250 ml

4 TL Za'atar
Saft von 1 Zitrone
1 Knoblauchzehe, gerieben
5 EL Olivenöl
2 TL Sumach
Salz

Alle Zutaten sowie ½ TL Salz in ein sauberes Marmeladenglas geben, den Deckel fest zuschrauben und schütteln, bis alles gut vermischt ist. Im Kühlschrank eine Woche haltbar.

Kräuter-Dressing

Vorbereitungszeit: 5 Minuten **Ergibt:** 250 ml

½ Bund Koriander
½ Bund Petersilie
½ Bund Dill
2 EL Kapern
1 EL Rotweinessig
1 Knoblauchzehe
8 EL Olivenöl
1 rote Chilischote, gewürfelt
Salz und frisch gemahlener schwarzer Pfeffer

Die Kräuter hacken und in eine Schüssel geben. Die Kapern grob hacken und mit den übrigen Zutaten in die Schüssel geben. Alles gut verrühren. Abschmecken und bei Bedarf nachwürzen. Im Kühlschrank zwei Tage haltbar.

Zitrus-Dressing

Vorbereitungszeit: 5 Minuten **Ergibt:** 250 ml

Saft von 2 Zitronen
Saft von 2 Limetten
6 EL Olivenöl
2 TL flüssiger Honig
Salz

Alle Zutaten in ein sauberes Schraubglas geben und mit Salz würzen. Das Glas fest zuschrauben und gut schütteln, bis alles gut durchmischt ist. Im Kühlschrank eine Woche haltbar.

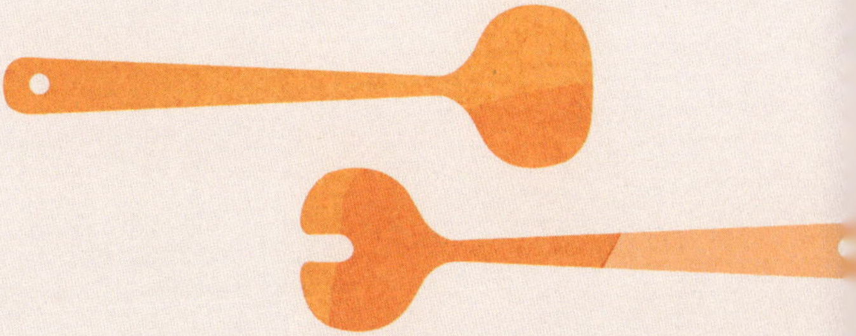

Erdnuss-Sesam-Dressing

Vorbereitungszeit: 5 Minuten **Ergibt:** 250 ml

1 Stück Ingwer (5 cm)
1 Knoblauchzehe
1 EL glatte Erdnussbutter
1 EL Tahini
1 TL geröstetes Sesamöl
1 TL Ahornsirup
1 TL Reisessig
1 EL helle Sojasauce

Den Ingwer und den Knoblauch grob hacken und mit den restlichen Zutaten in einen kleinen Mixer geben. Pürieren, bis alles glatt ist. Im Kühlschrank eine Woche haltbar.

Chili-Dressing

Vorbereitungszeit: 5 Minuten **Ergibt:** 250 ml

4 EL knuspriges Chili-Öl (gekauft)
2 EL Sojasauce
4 EL geröstetes Sesamöl
2 EL Reisessig

In einer kleinen Schüssel alle Zutaten miteinander verquirlen und in einem verschließbaren Glas aufbewahren. Das Dressing hält sich im Kühlschrank eine Woche.

Eingemachtes

Rhabarber-Karotten-Pickles

Vorbereitungszeit: 10 Minuten **Kochzeit:** 5 Minuten **Ergibt:** 1 Glas (400 ml)

4 Stangen Rhabarber
3 Babykarotten, geschält
200 ml Apfelessig
2 EL Feinzucker
½ TL scharfe Chiliflocken
1 EL gelbe Senfkörner
1 TL Fenchelsamen
Meersalz

Den Rhabarber in gleichmäßige, 3 cm große Stücke schneiden. Die Karotten vierteln. Die übrigen Zutaten sowie 1 TL Salz mit 150 ml Wasser in eine mittlere gusseiserne Pfanne geben und leicht köcheln lassen, bis sich der Zucker aufgelöst hat. Vollständig abkühlen lassen. Rhabarber und Karotten in ein sterilisiertes Einmachglas füllen, mit der abgekühlten Flüssigkeit übergießen und das Glas verschließen. An einem kühlen, dunklen Ort eine Woche bis zu zwei Monate haltbar. Sobald das Glas geöffnet wurde, kühl lagern und innerhalb von zwei Wochen verzehren.

Süß-saure Gurken

Vorbereitungszeit: 10 Minuten **Kochzeit:** 0 Minuten **Ergibt:** 1 Glas (400 ml)

450 g Baby-Gurken
3 grüne lange Chilischoten
20 g Dill
60 ml Weißweinessig
1 EL Koriandersamen
1 TL Pfefferkörner
1 TL Senfkörner
Meersalz

Gurken, Chilischoten und Dill waschen. Aus 350 ml Wasser, dem Essig und 2 EL Salz eine Lake herstellen. Die Gurken und Chilischoten in ein Glas geben. Den Dill grob hacken und zusammen mit den Koriandersamen, Pfefferkörnern und Senfkörnern hinzufügen. Die Lake in das Glas füllen und dabei darauf achten, dass die Gurken vollständig bedeckt sind. Das Glas verschließen und die Gurken für mindestens 48 Stunden in den Kühlschrank stellen. Nach dem Öffnen innerhalb von zwei Monaten verzehren.

Mexikanisch inspirierte eingelegte Chilis

Vorbereitungszeit: 5 Minuten **Kochzeit:** 5 Minuten **Ergibt:** 400 g

400 ml Weißweinessig
200 g Feinzucker
1 EL Koriandersamen
20 Jalapeños, in Scheiben geschnitten

Den Essig, den Zucker und die Koriandersamen mit 300 ml Wasser in einem Topf zum Kochen bringen. Die Jalapeños hinzufügen und alles gut verrühren. Die Mischung in ein sterilisiertes Glas füllen. Nach dem Abkühlen im Kühlschrank aufbewahren. Ungeöffnet bis zu zwei Monate haltbar. Nach dem Öffnen innerhalb von zwei Wochen verzehren.

Eingelegte Zwiebeln

Vorbereitungszeit: 5 Minuten **Kochzeit:** 2 Minuten **Ergibt:** 1 großes Glas (1 l)

100 ml Weißweinessig
Saft von 1 Zitrone
1 EL Feinzucker
4 rote Zwiebeln, in dünne Scheiben geschnitten
1 TL Salz

In einem Topf den Essig und den Zitronensaft auf mittlerer Stufe 2 Minuten erhitzen. Alle übrigen Zutaten dazugeben und die Zwiebeln mit sauberen Händen kräftig kneten. Die Zwiebeln in ein sterilisiertes Glas füllen, mit der restlichen Flüssigkeit übergießen und im Kühlschrank aufbewahren. Sofort verwenden und nach dem Öffnen innerhalb von zwei Monaten verbrauchen.

Toppings

Geröstete Umami-Kerne

Vorbereitungszeit: 5 Minuten **Kochzeit:** 6 Minuten **Ergibt:** 1 Glas (300 g)

300 g gemischte Kerne
(z. B. Kürbis-, Sonnenblumen- und Sesamkerne)
2 EL Tamari
1 TL Ahornsirup

Alle Kerne in einer großen Pfanne bei mittlerer Hitze rösten, bis sie knistern und knacken. Vom Herd nehmen, Tamari und Ahornsirup dazugeben und alles gründlich verrühren. Die Mischung abkühlen lassen und in ein sterilisiertes Glas füllen. An einem kühlen, dunklen Ort bis zu einem Monat haltbar.

Röstzwiebeln

Vorbereitungszeit: 15 Minuten **Kochzeit:** 20 Minuten **Ergibt:** 1 Glas (250 ml)

400 ml mildes Pflanzenöl
20 Schalotten, in dünne Scheiben geschnitten
Meersalzflocken

Ein Backblech mit Küchenpapier auslegen. In einer großen Pfanne mit schwerem Boden das Öl auf mittlerer Stufe erhitzen, die Schalotten hineingeben und 20 Minuten lang braten, bis sie goldbraun sind. Dabei die Schalotten häufig in der Pfanne bewegen, damit sie gleichmäßig bräunen. Die Schalotten mit einer großen Schaumkelle auf das mit Küchenpapier ausgelegte Blech schaufeln und vollständig abkühlen lassen. Mit 1 TL Salzflocken würzen. In ein mittelgroßes Glas umfüllen. An einem kühlen, dunklen Ort bis zu einem Monat haltbar.

Knusprige Kichererbsen

Vorbereitungszeit: 5 Minuten **Kochzeit:** 30 Minuten **Ergibt:** 1 Glas (250 ml)

1 Dose Kichererbsen (400 g), abgespült und abgetropft
3 EL Olivenöl
Abrieb von 1 Zitrone
1 TL scharfe Chiliflocken
Salz

Den Ofen auf 220 °C vorheizen. Die Kichererbsen auf einem sauberen Geschirrhandtuch trocken tupfen. In eine Schüssel geben, 1 TL Salz und das Öl hinzufügen und schwenken, bis alle Kichererbsen bedeckt sind. Die Mischung gleichmäßig auf einem Backblech verteilen und 15 Minuten rösten. Die Zitronenschale und die Chiliflocken dazugeben und weiter rösten, bis alles goldbraun und knusprig ist. Abkühlen lassen. In einem sauberen Glas eine Woche haltbar.

Roggen-Croûtons

Vorbereitungszeit: 5 Minuten **Kochzeit:** 20 Minuten **Ergibt:** 1 Glas (400 ml)

4 Scheiben Roggen-Sauerteigbrot, in 5 cm große Stücke geschnitten
120 ml mildes Olivenöl
frisch gemahlener schwarzer Pfeffer
2 große Knoblauchzehen, gehackt
Salz

Den Ofen auf 190 °C vorheizen. Das Brot mit dem Öl vermengen, bis es gleichmäßig überzogen ist, und großzügig mit Pfeffer und 1 TL Salz würzen. In einer einzigen Schicht auf ein großes Backblech legen und 10 Minuten backen. Herausnehmen, den Knoblauch dazugeben und alles gut vermischen. Weitere 10 Minuten backen, bis die Croûtons knusprig sind. Abkühlen lassen. In einem sauberen Glas bis zu eine Woche haltbar.

Croûtons

Vorbereitungszeit: 5 Minuten **Kochzeit:** 20 Minuten **Ergibt:** 1 Glas (500 ml)

300 g Sauerteigbrot, in Würfel geschnitten
3 EL Olivenöl
2 TL Rotweinessig
Salz

Den Ofen auf 180 °C vorheizen. Ein Backblech mit Backpapier auslegen. Das Brot in eine große Schüssel geben, Olivenöl, Essig und Salz hinzufügen und schwenken, bis die Brotwürfel gleichmäßig überzogen sind. In einer einzigen Schicht auf dem Backblech verteilen und 15–20 Minuten backen, nach der Hälfte der Zeit wenden. Abkühlen lassen. In einem luftdicht verschlossenen Glas zwei Wochen haltbar.

Knuspriges Pangrattato

Vorbereitungszeit: 5 Minuten **Kochzeit:** 20 Minuten **Ergibt:** 1 Glas (300 ml)

300 g Sauerteigbrot oder altbackenes Brot
3 ½ EL Olivenöl
1 Knoblauchzehe, gerieben
Abrieb von 1 Zitrone
1 TL Fenchelsamen
1 große Prise scharfe Chiliflocken

Das Brot in einer Küchenmaschine zu groben Krümeln zerkleinern. Das Öl in einer großen Pfanne auf mittlerer Stufe erhitzen, die Krümel hineingeben und 5 Minuten lang anbraten. Knoblauch und Zitronenschale zufügen und unter häufigem Wenden weiter braten, bis die Krümel goldgelb und knusprig sind. Die Fenchelsamen und die Chiliflocken dazugeben und 1 Minute lang mitrösten. Alles abkühlen lassen. Sofort verwenden oder in einem Glas einige Tage aufbewahren.

Öle

Chili-Öl

Vorbereitungszeit: 5 Minuten **Kochzeit:** 0 Minuten **Ergibt:** 500 ml

500 ml natives Olivenöl extra
10 getrocknete rote Chilischoten
2 Rosmarinzweige

Alle Zutaten in eine saubere Glasflasche (750 ml) geben. Je länger das Ganze steht, desto schärfer wird es.

Kräuter-Öl

Vorbereitungszeit: 5 Minuten **Kochzeit:** 5 Minuten **Ergibt:** 400 ml

1 Bund holzige Kräuter (wie Rosmarin, Thymian und Oregano)
400 ml Olivenöl

Die Kräuter und das Öl in einer kleinen Pfanne auf mittlerer Stufe 5 Minuten erhitzen, vom Herd nehmen und beiseitestellen. In einen luftdichten Behälter umfüllen und 8–12 Stunden durchziehen lassen. Alles durch ein Mulltuch abseihen und die Kräuter entsorgen. Das Öl in eine Glasflasche (750 ml) gießen. Nach Bedarf verwenden.

Zitronen-Öl

Vorbereitungszeit: 10 Minuten **Kochzeit:** 5 Minuten **Ergibt:** 400 ml

3 Zitronen
4 Knoblauchzehen, zerdrückt
400 ml Olivenöl

Die Zitronen mit einem Sparschäler schälen und die Schale in einen mittelgroßen Topf geben. Auf mittlerer Stufe erhitzen und den Knoblauch hinzufügen. Alles einige Minuten rösten, dann das Öl hineingießen und die Mischung einige Stunden stehen lassen. Das Öl in eine Flasche (750 ml) füllen und fünf Streifen Zitronenschale sowie den Knoblauch hinzufügen.

Scharfes asiatisches Knusper-Öl

Vorbereitungszeit: 10 Minuten **Kochzeit:** 18 Minuten **Ergibt:** 400 ml

8 Schalotten, in Scheiben geschnitten
400 ml Erdnussöl
5–6 Knoblauchzehen, in feine Scheiben geschnitten
75 g getrocknete rote Chilischoten
70 g scharfe Chiliflocken
40 g Feinzucker
70 ml Sojasauce
1 Sternanis
3 EL Erdnüsse, gehackt

Einen Teller mit Küchenpapier auslegen. Die Schalotten 15 Minuten lang im Öl anbraten, dann den Knoblauch hinzufügen und alles braten, bis es knusprig ist. Die Schalotten und den Knoblauch auf den Teller geben. Die übrigen Zutaten in ein Glas (500 ml) füllen. Das Öl dazugeben. Alles verrühren, dann die Schalotten und den Knoblauch zufügen. Abkühlen lassen und dann zwei Tage ziehen lassen.

Register

Emily Ezekiel

• •

Emily ist in London geboren und aufgewachsen und arbeitet derzeit als Autorin, Art-Director und Food- und Prop-Stylistin im Herzen von Hackney im Osten Londons. Seit über 15 Jahren ist sie bereits in der Lebensmittelbranche tätig. Somit kann sie auf einen reichen Erfahrungsschatz zurückgreifen und ein beeindruckendes Portfolio von Projekten und Kunden im kreativen Food-Bereich vorweisen. Sie arbeitete bereits mitnamhaften Personen der Branche zusammen, darunter Jamie Oliver, Nigella Lawson und Anna Jones.

Dank

• •

Dieses Buch kam nur zustande, weil ein großartiges Team beteiligt war. Zuallererst möchte ich Catie Ziller und Hardie Grant North America dafür danken, dass sie mir erneut so viel Vertrauen entgegen brachten – ich liebe es, Bücher zu schreiben, daher ist es mir eine große Ehre.

Ich danke meiner Arbeits-Ehefrau, unglaublichen Freundin und fortwährend kreativen Partnerin Issy Croker dafür, dass sie die beste Food-Fotografin ist, die es gibt. Ohne dich wäre dieses Buch nicht ansatzweise so schön und das Shooting hätte viel weniger Spaß gemacht. Danke, dass du mir immer den Rücken freihältst und in unserer Karriere an meiner Seite stehst. Ich bin gespannt, was die Zukunft noch für uns beide bereithält.

Joseph Denison Carey danke ich dafür, dass er meine rechte Hand ist, die meisten Rezepte gekocht und getestet hat, für seine unglaublichen Playlists, die uns durch die langen Shooting-Tage gebracht haben, und dass er immer der brillante, witzige Lichtblick ist, den wir gerade brauchen.

Meinem Mann Sebastian und meiner besten Freundin Athina, die mich während des Schreibens und Testens dieses Buches davor bewahrt haben, den Verstand zu verlieren. Euch beiden verdanke ich wirklich alles.

Meiner Lektorin Kathy, die so brillant mit meinen Worten umgeht, dafür sorgt, dass alles einen Sinn ergibt, und die mich auf fehlende Korrekturen hinweist. Vielen Dank für all deine Hilfe.

Grafikerin Alice für die Gestaltung des Buches und dafür, dass es so schön aussieht.

Und schließlich danke ich allen Praktikantinnen und Praktikanten, die uns mit den Stapeln von Geschirr, beim Einkaufen und allgemein bei der Arbeit geholfen haben. Danke an Sophie, Franzi, Rosie und allen anderen, die ich vergessen habe.

Impressum

CALLWEY 1884

Die Originalausgabe erschien 2024
unter dem Titel *Salad Meals* bei
© Hardie Grant North America
2912 Telegraph Ave /Berkeley, CA 94705 /hardiegrantusa.com

Klenzestraße 36
80469 München
buch@callwey.de
Tel.: +49 89 8905080-0
www.callwey.de

ISBN 978-3-7667-2730-5
1. Auflage 2024

Bibliografische Information der Deutschen Nationalbibliothek: Die Deutsche Nationalbibliothek verzeichnet diese Publikation in der Deutschen Nationalbibliografie; detaillierte bibliografische Daten sind im Internet über dnb.d-nb.de abrufbar.

Hinweis: Uns ist es ein Anliegen, dass sich alle Geschlechter wahrgenommen und wertgeschätzt fühlen. Im Sinne einer besseren Lesbarkeit der Texte verzichten wir jedoch auf die gleichzeitige Verwendung der Sprachformen männlich, weiblich und divers (m/w/d). Wo dies möglich ist, bemühen wir uns darum, alle Formen mit einzubeziehen, oder um neutrale Formulierungen. Sämtliche Personenbezeichnungen gelten gleichermaßen für alle Geschlechter.

Dieses Buch wurde in CALLWEY-QUALITÄT für Sie hergestellt:
Beim Inhaltspapier haben wir uns für ein gestrichenes, holzfreies Bilderdruckpapier entschieden. Die gestrichene und mattierte Oberfläche gibt dem Inhalt einen edlen und hochwertigen Charakter. Die Hardcover-Gestaltung besteht aus einem matt laminierten Gloss Art Papier und wurde mit einem Spot UV Lack veredelt. Dieses Buch wurde gedruckt und gebunden in China.

Viel Freude mit diesem Buch wünschen Ihnen:
Projektleitung: Anna Seidel
Übersetzung aus dem Englischen: Leonie Staby
Lektorat und Schlusskorrektur: Judith Marnet
Layout und Satz: Daniela Petrini
Umschlaggestaltung: Anna Schlecker
Herstellung: Oliver Meier

FSC www.fsc.org MIX Papier | Fördert gute Waldnutzung FSC® C020056

Liebevoll begleitet von